Erik L. Rot

Zweisam - Erotische Erzählungen

Erik L. Rot

Zweisam

Erotische Erzählungen

DeBehr

Herausgeber: Verlag DeBehr, Radeberg
Erstauflage: 2010
Grafik: Copyright by Fotolia by Anja Roesnick
ISBN: 9783939241119

Vertraute Verführung

Märchen

Glückliche Liebe schreibt keine Gedichte

Flöte

Lebst du noch?

Entdeckung

Vertraute Verführung

Freitag. Früher Abend. Abstreifen der arbeitsreichen Werktage, Einstimmen auf das wohlverdiente Wochenende, Mobilisieren neuer Kräfte. All dem mochten die Mitglieder einer Gymnastikgruppe durch ihre sportlichen Aktivitäten dienen. Sie verstreuten sich in der Turnhalle, so dass sich jeder uneingeschränkt bewegen konnte.

Golo stand in der Nähe der Sprossenwand; sein Blick fiel auf Malika. Dieses optische Labsal, das er seit Jahren zu schätzen wusste, ließ ihn die Eintönigkeit der Aufwärmphase vergessen, ja, er bedauerte sogar deren Ende, denn gerne hätte er Malikas Reize noch länger genossen. Leider jedoch wies der Leiter der Gymnastikstunde lockeres Umherlaufen als nächsten Programmpunkt an und löste damit die Positionen auf, die Golos schwärmendes Betrachten so begünstigt hatten. Immerhin kehrte das Vergnügen des verzückten Mannes bald zurück. Als nämlich nach wenigen Minuten erneut feste Plätze eingenommen wurden, beschenkte ihn der Zufall mit der gleichen Ausschau, stellte ihm also abermals die attraktive Frau zur Weidung seiner Augen gegenüber. Ein Lächeln, ein Anlächeln, das über Malikas Gesicht huschte, bezeugte auch deren Sympathie mit der wiedergewonnenen Konstellation und bekundete, dass die gefällige Wahrnehmung auf Beiderseitigkeit beruhte. Von Malika beobachtet zu werden spornte Golo nun an, auf besonders gute Haltung beim folgenden Biegen und Beugen, Recken und Strecken zu achten.

Das Karussell der sportlichen Übungen drehte sich weiter: Wieder hieß es, laufend und rennend, hopsend und springend die Arme und Beine auszuschütteln, wieder galt es innezuhalten, um im Stehen die Muskeln zu trainieren, wieder – nun also schon zum dritten Mal – tauchte bei dieser Gelegenheit Malika in Golos Gesichtsfeld auf. Wieder nur Zufall? Wieder nur glückliche Fügung? Der Abstand zwischen den beiden drückte nicht unbedingt konkrete Zuwendung aus, sondern blieb diskret und taktvoll, umging also die Ausstrahlung von Aufdringlichkeit oder gar Vereinnahmung. Malikas Mimik indes verriet anderes, verriet mehr: Einem kecken Grinsen folgte eindringliches, fesselndes Starren in die Augen vis-à-vis, das sie so lange aufrecht hielt, bis sie Golo ein Schmunzeln, ein ihr wohlgesinntes Schmunzeln, abgerungen hatte. Dann erst erlaubte sie den gebannten Lidern, sich wieder zu regen, und begleitete diese Lockerung des Blickes durch dezentes, aber dennoch ausdrucksvolles Lecken ihrer Lippen.

Als die Freizeitsportler nun aufgefordert wurden, sich Partner zu suchen, schritt Malika geradewegs auf Golo zu und wurde freundlich empfangen. Das gegenseitige Umfassen der Hände nutzte sie nicht nur zum Stabilisieren der gebeugten Haltung beim Dehnen von Trapezius und Latissimus, sondern auch zum Andeuten eines leichten Streichelns, indem sie immer mal wieder mit ihren Daumen über Golos Handrücken rieb.

Gänzlich offenbarte Malika ihre Absicht des Bezirzens bei der folgenden Disziplin, dem Beckenkreisen, das sie nämlich mit extremer Ausprägung des Radius zelebrierte und mit erotischen Hüftschwüngen garnierte. Dabei produzierte sie stöhnende Laute, die nicht nur als Ausdruck körperlicher Anstrengung, sondern gerne auch im Sinne von sexueller Werbung interpretiert werden wollten.

Die schwüle Wärme des Tages hatte die Turnhalle in eine Sauna verwandelt und dämpfte die Bewegungsfreude der

Gruppe, so dass die nächste Laufeinheit zum schleppenden Schlurfen degradierte. Nur Malika bildete eine Ausnahme: Sie rannte, sie flitzte, sie sauste – wollte heiß laufen, wollte schwitzen, wollte nass werden, wollte ihre Kleidung tränken, damit sie an der Haut haftete und die weiblichen Rundungen betonte.

Für das Wiedersehen beim nächsten Stillestehen sorgte nun auch Golo und wurde durch einen betörenden Anblick belohnt, da Malikas Bemühungen überaus erfolgreich waren: Sie triefte aus allen Poren und war gänzlich durchfeuchtet. Das T-Shirt klebte ihr am Busen und verwandelte diesen in ein Objekt der Begierde. Golos Augen folgten einigen Schweißtropfen, die über Malikas Hals rannen und im Dekolleté verschwanden. Die Hitze der schönen Frau übertrug sich, ergriff auch den Mann und entflammte insbesondere seine Genitalien.

Das Emporstrecken der Arme, ein weiterer Programmpunkt der Gymnastikstunde, straffte die Brüste. Malika bereicherte die Übung durch zusätzliches Dehnen der Oberweite, so dass sich die pralle Pracht ihrer Weiblichkeit Golo entgegenstreckte. Dessen Durchblutung des Schambereiches steigerte sich bei diesem Anblick zur Erregung, ließ sein Glied schwellen und wölbte die Hose. Erleichtert kam er deshalb der Anweisung des Übungsleiters nach, in die Hocke zu gehen; er hoffte, die Steife seines Schaftes in gebückter Stellung vertuschen zu können. Malikas Augen jedoch waren schneller, hatten das Wachstum längst erspäht und glänzten nun in einer Mischung aus Triumph und Freude. Sodann signalisierte sie dem Begehren des animierten Mannes anbietende Bereitschaft, indem sie gewichtig mit dem Kopf nickte, kokettierend die Zunge zeigte und für einen kurzen Moment ihre Hände an die Scheide schmiegte.

Sie versandte also gestische Botschaften von unmissverständlicher Bedeutung: „Ich will dich auch!“

Die Gymnastikstunde war zu Ende, die Sportler verließen die Halle. Golo jedoch verweilte noch und gab sich den Anschein, mit individuellen Turnereien die Veranstaltung abrunden zu wollen. In Wahrheit beabsichtigte er aber, sich abzusondern, um Malika Gelegenheit zu geben, ihn alleine zu treffen.

Sein Plan ging auf. Während Golo mit einem Anflug von Zurschaustellung an der Sprossenwand posierte, dabei die Arme als Zeichen der Öffnung ausbreitete und die männliche Brust einladend weitete, wandelte Malika auf ihn zu. Mit einer Hand streifte sie ihr Stirnband ab, schüttelte den Kopf zur Lockerung der Haare, schritt dabei weiter, schritt langsam weiter, sehr langsam, um ihre erotischen Reize in aller Ausführlichkeit darbieten zu können. Sie kam Golo näher, sie kam Golo nah, ohne Umschweife, direkt und bestimmt, aber dennoch nicht plump, sondern gefühlvoll, und sanft küsste sie ihn auf den Mund und tastete nach seinem Geschlecht. Dann legte sie ihren Kopf auf seine Schulter und hauchte in sein Ohr: „Du kriegst mich!“ Und während sie ihren Unterleib gegen seinem schob, ergänzte sie im Tonfall lüsterner Verführung: „Lass uns zu Hause duschen!“

Galant glitten Golos Hände entlang Malikas Hals, sanken tiefer, seiften und cremten Schultern und Rücken mit glitschigem Gel. In kleinen und großen Bögen streichelte Golo Malikas heiße Haut. Als er die Taille eroberte und sich schmeichelnd anschmiegte, stieg seine Erregung und härtete den Penis zur phallischen Säule. Diese legte er in die Ausläufer von Malikas

Po, der sich lustvoll weidend und lebhaft wippend für den zarten Zauber der Liebkosung bedankte.

Golos Hände wagten sich vor, ertasteten den Bauch, erfreuten sich dessen straffer Glätte und rieben ihn wollüstig in kreisenden Bewegungen. Zum Zeichen ihres Verlangens, nun auch in höheren Regionen befühlt zu werden, streckte Malika ihren Busen hervor. Golo füllte seine Hände erneut mit Duschgel, bevor er Malikas Wunsch, der auch seinem Ergötzen dienen mochte, nachkam.

Drall und prall, doch gleichsam weich, wallten Malikas Brüste in Golos Händen. Er streichelte und rieb, massierte und knetete, bestieg die holden Hügel, bedachte auch die gipfelnden Knospen, nahm Abschied, durchlief das Tal des Busens, kletterte erneut hinauf, um dieses Mal die Mamillen zwängend zu drücken, ja, pressend zu stimulieren, und Malika auf eine rauschende Woge der Lust zu heben. Golos Seufzen wurde zunehmend von Malikas Stöhnen übertönt, was den Erfolg seiner Absicht bezeugte und der Aufforderung, nur nicht nachzulassen, entsprach.

Nach diesem erquickenden Wellenritt begehrte Malika zu küssen, wandte sich um und suchte die orale Betörung. Mit lindem Lecken der Lippen reizte sie Golos Mund, sich zu öffnen, und drang hinein. Sowohl mit den Spitzen als auch in voller Breite streiften sich die Zungen, wälzten sich umeinander, erforschten die Mundhöhlen, schmeckten und schleckten, vermischten ihren Speichel mit dem plätschernden Wasser der Dusche und frönten der geschmeidigen Liebkosung.

Malika fiel es schwer, von Golos Zunge abzulassen, doch es musste sein, denn sie brauchte ihren Mund zum Sprechen: „Lieber Golo, komm mit mir ins Bett, beschwöre mich mit

Lippen und Fingern, lege dich dann zwischen meine Beine, reibe dein geiles Glied in meinem lüsternen Loch und lass mich jubilieren."

„Meine Verführung war wohl von langer Hand geplant", dachte Golo, als sie sich gegenseitig abtrockneten. Sektgläser standen nämlich ebenso bereit wie aphrodisisches Massageöl und eine stattliche Anzahl von Kerzen wartete darauf, romantische Stimmung verströmen zu dürfen. Doch Malika selbst ignorierte das zierende Zubehör, wollte offensichtlich keine Verzögerung dulden, sondern suchte ohne Umwege das Liebeslager auf, zog den begehrten Mann nach sich und demonstrierte mit eindeutigen Beckenbewegungen, wo und wie sie ihn haben wollte. Golo kniete neben ihr, beugte sich herab und nahm ihre Brust in die Gefangenschaft seines Mundes. Zunge und Lippen spielten mit den weiblichen Perlen und saugten sie ein. Gleichzeitig strebte seine Hand Malikas Scham entgegen, passierte den Bauchnabel, überquerte die Gürtellinie, dann den Venushügel und erreichte endlich die Klitoris, die umspült und überschwemmt sanfte Berührungen ersehnte. Golo erfüllte diesen Wunsch durch zartes Umrunden und sachtes Betüpfeln. Sodann wurde er in die heiße Höhle des weiblichen Geschlechts beordert, wo er nun in warmem Wasser tauchte, den Muttermund umkreiste, die nassen Wände rieb, den G-Punkt drückte und dem immer schnelleren Wippen der fiebernden Frau folgte. Malika seufzte, Malika keuchte, verfiel dem Verlangen und verlor fast den Verstand, als das zyklische Ziehen und Zucken ihrer schlemmenden Scheide zum Zenit strebte.

Befriedigt und erfüllt fand sie sich nach heftigem Höhepunkt wieder. Gleichzeitig aber fühlte sie sich weder satt noch matt, sondern lechzte nach mehr. Sie freute sich, ihren Liebhaber nun auch frohlocken zu lassen und den Genuss mit ihm zu teilen, den sein geschwollener Schaft durch das stetige Stoßen entfachen mochte, was ihre Vagina nun bot und erbat.

Golo spürte die weiblichen Brüste unter sich beben, heiße Schenkel an seinen Flanken haften und vor allem die elastische Enge der holden Höhle seinen pulsierenden Penis umschmiegen. Malika zog den Kopf des Verführten zu sich hinunter, leckte seine Lippen, drang zwischen sie, zog und schob ihre Zunge durch seinen Mund und bildete somit ein orales Pendant zu Golos geilem Gleiten zwischen ihren gespreizten Beinen.

Im Bestreben nach einer Steigerung der Intensität richtete Golo sich auf, kniete nun, winkelte Malikas Beine, so dass sich ihre Füße an seiner Brust abstützten. Mit genüsslicher Langsamkeit, ausschöpfender Tiefe, gefühlvoller Kraft und konstanter Metrik stieß er ein ums andere Mal vom Eingang der weiblichen Schlucht bis auf deren Grund. Die Erregung wallte weiter und weiter auf, führte zum rauschhaften Gelüst und ließ das kopulierende Paar ein Duett hechelnder Klänge intonieren. Während Malika erneut zu höheren Sphären schwebte, stieg nun auch Golos Liebessaft zur Spitze seines großen Rohres, pochte in der Eichel und drängte zur Entladung.

Zunächst jedoch zügelten sich die beiden, zogen die Askese der Ekstase vor, um letztere zu gegebener Zeit umso ausgeprägter erleben zu dürfen und bis dahin die Erregung weniger als zielende Triebfeder, sondern als bleibenden, deliranten Zustand sinnlichen Schwelgens zu genießen.

Die durch Gymnastik erlangte körperliche Fitness, insbesondere die Gelenkigkeit, erwies sich beim sexuellen Akt immer wieder als nützlich. So konnte Golo nun zurückkippen, sich auf die Ellenbogen stützen und die Beine ausstrecken, ohne der genitalen Feige zu entfleuchen. Sehr bequem ruhte er in dieser Lage und gab sich den sanften Reibungen seines Gliedes hin, die Malika durch geschmeidiges Heben und Senken ihres Beckens erzeugte. Neben den schönen Gefühlen in den Geschlechtsteilen bot diese entspannte Stellung weidende Blicke auf die wohlgestalteten Formen ihrer Körper. Lange, sehr lange huldigten sie diesem vielseitigen Vergnügen. Dann zeigte Malika, dass auch ihr sportlicher Eifer Früchte trug: Äußerst mobil schwang sie sich hoch, saß nun auf Golo, presste seinen prallen Penis in die Tiefe ihrer Scheide, begann rasant zu reiten, forcierte die Bewegungen zu heftigen, kräftigen Stößen und steigerte das Labsal der Lust zu brennender Begierde. Nach einer Weile jedoch bremste sie den scharfen Galopp wieder ab, beruhigte das Tempo, wandelte es zu gemächlichem Traben, wies die Erregung also nochmals in die Schranken.

„Ich habe einen kleinen Imbiss vorbereitet", sprach Malika Golo an. „Du darfst nun wählen. Möchtest du ihn als Dessert und Abrundung unseres Liebesspiels? Dann treibe ich uns augenblicklich zu orgiastischen Höhen. Wir können den Snack aber auch als Zwischenspiel betrachten und unter dem Schleier der bewahrten Begierde verzehren. Danach nehmen wir mit erotischen Massagen bei Kerzenschein und verträumter Musik einen neuen Anlauf, um uns genau dort wiederzufinden, wo wir jetzt gerade weilen, ergeben uns dann gänzlich dem Rausch der Lust und vollenden unser Werk." Golo tat seine Ahnung von der sorgfältigen Planung der Verführung nun kund und erntete dafür ein verschmitztes Lächeln.

Malika und Golo hatten sich wieder angezogen, frisch angezogen, um ihr Zusammensein stilvoll zu prägen. Golos rotes Hemd betonte seine breiten Schultern und stand ihm ebenso gut wie Malika die schwarze Bluse, deren offenherziges Dekolleté zu lüsternen Blicken auf die Ansätze ihrer Brüste einlud.

Sie saßen im Esszimmer. Krabben-Cocktail mit Toast und prickelnder Sekt erfreuten die Gaumen. Absichtlich hatte Malika den Toaster in der Küche aufgebaut, vorsätzlich Salz und Pfeffer vergessen, Zitrone erst später angeboten, den Sekt nur in kleinen Schlucken ausgeschenkt und die Flasche jedes Mal in den Kühlschrank zurückgestellt. Immer wieder wollte sie vom Tisch aufstehen – wollte sie aufstehen müssen – und duldete auch keine Übernahme der Botengänge durch Golo. Warum? Nur im Stehen und Gehen konnte sie ihre schönen Beine, ihre reizenden Beine, ihre anziehenden Beine, die aus dem kurzen Rock lugten, präsentieren. Auch wenn ihr die Verführung Golos längst gelungen war, gedachte sie, den Gestus des Verlockens weiterhin zu genießen. Schließlich jedoch gönnte auch sie sich Gemütlichkeit und blieb sitzen.

Malika erzählte von ihren Söhnen, die aus dem Trainingslager angerufen hatten, das sie übers Wochenende besuchten: Die Sportstätten rund um das Jugendhotel wären super, am Samstag stünde ein Turnier auf dem Programm und weiterhin freuten sich die beiden fußballbegeisterten Jungen auf den Besuch eines Bundesligaprofis.

Eine wunderbare Vermischung der Empfindungen, sinnierte Malika, zwei Tage ohne Kinder zu verleben, die damit verbundene Freiheit und Entspannung aufzusaugen, doch gleichzeitig die Rückkehr der beiden Abwesenden schon wieder herbeizusehnen.

Fußball und die Träume der jugendlichen Kicker bildeten weiterhin den Gesprächsstoff; dann jedoch rückte die erotische Zweisamkeit des Abends, der noch lange nicht enden sollte, in den Mittelpunkt zurück. Golo bedankte sich für den leckeren Imbiss und räumte den Tisch ab, während Malika mit dem Anzünden der Kerzen im Schlafzimmer anheimelnde Atmosphäre für das weitere Liebesspiel schuf.

Bestrickt und verzaubert von der attraktiven Frau, die im romantischen Licht anmutig tänzelte, ging Golo auf die Begehrte zu, nahm sie in den Arm, begann einen ebenso sanften wie leidenschaftlichen Kuss und begleitete diesen mit gefühlvollen Berührungen, die das langsame und bedächtige, gemächliche und behutsame, also zum Fest erhobene Entkleiden eröffnete. Musikuntermalte Massage – das Adagio aus Mozarts Klarinettenkonzert war für dieses Vergnügen bestens geeignet – gedieh zum schmusenden Streicheln und gereichte zum sprühenden Spiel der lodernden Lust. Schließlich lagen die Liebenden hintereinander auf ihren Körperseiten. Golo küsste Malikas Rücken, spürte seine Brust an ihrem Po und seine Hand zwischen ihren heißen Schenkeln. Sein Daumen folgte dem Sog der Nässe, streckte sich ab und tauchte in den See der Erregung. Malika klammerte sich um den gefügigen Finger, nahm ihn als Stil der Stimulation, bauschte diese wippend und kippend auf, schürte sie stetig bis zum Glimmen, gelangte zum Glühen und ergötzte sich in aller Genüsslichkeit an diesen gar geilen Gefühlen.

Die Befriedigung, die ihr nun kam, war weder orgiastisch noch ekstatisch, kein hechelnder Höhepunkt oder opulenter Orgasmus, auch kein verzehrender Zenit, geschweige denn extreme Explosion. Stattdessen glich Malikas sexuelle Erfüllung zu dieser Stunde einem Schweben und Schwelgen von exquisiter Elastik, ähnelte dem zierenden Ziehen und schmückenden Schweifen von wunderlichen Wolken am hehren Himmel und entsprach einem galanten Gleitflug über Landschaften von Lust und Labsal. Da sie auch ihren Liebhaber bei wohliger Empfindung in behaglicher Lage wusste, durfte sie ihr Abheben immer weiter ausdehnen, ausbreiten, ausschöpfen, auskosten und segelte somit Runde um Runde in höchsten Höhen, bevor sie sachte wieder sank. Beglückt und beseelt entspannte sie sich nach der Landung und schlummerte sogar für ein kurzes Weilchen ein. Als sie wieder erwachte, fand sie sich von Golos Armen liebevoll umfangen und lauschte nun seinen Worten, die er sich während ihres Schläfchens zurechtgelegt hatte:

„Liebe Malika,
mein lieber Schatz!
Es ist so schön bei dir,
es ist so schön mit dir!
Zwanzig Jahre schon darf ich dich ‚meine Frau‘ nennen,
zwanzig Jahre schon freue ich mich jeden Tag darüber.
Immer noch verliebt,
immer neu verliebt,
stets wieder bewegt und berührt,
stets wieder erregt und verführt.“

Gleitend fuhr Golo während seiner kleinen Ansprache die aufregend weibliche Silhouette seiner Frau ab und besann sich dabei auf den Kosenamen, den er ihr vor Jahren schon zugedacht hatte und seitdem beflissen pflegte, weil er sich immer wieder über die Trefflichkeit des gewählten Ausdruckes amüsierte. Dieser köstliche Kosenamen schien ihm auch jetzt bestens geeignet, seine Liebeserklärung abzurunden, weshalb er ihn an deren Ende setzte: „Ich danke dir – mein Schleifchen!" Das Schleifchen drehte sich um, schenkte seinem Mann ein bezauberndes Lächeln, das Einklang und Beiderseitigkeit der Liebesgedanken bekundete. Sie drückte und herzte ihn, bedeckte sein Gesicht mit Küssen, bis sie den Mund fand, dessen Lippen sie nun leckte. Gleichzeitig streichelte sie Golos Brust und Bauch, gelangte tiefer und tiefer und noch tiefer, ertastete endlich das Glied, unterstützte dessen Schwellung, bis es zur Steife reifte, umfasste dann das große Rohr von kräftiger Härte, das heiß in ihrer Hand pulsierte, und wünschte sich lechzend: „Lass uns das Finale feiern! Ich begehre dein Stoßen, ich begehre dein Stöhnen, ich begehre dein Spritzen!"

Golo stieß tief. Golo stöhnte frönend. Malika schloss sich seiner Inbrunst an, überholte sogar und eilte voraus.

Nun steigerte Golo die Stimulation, verschärfte den Schwung, stieß schneller, stieß stetig schneller, schnaufte und schnaubte zu den strammen Schüben, spürte schäumendes Sprudeln in der Spitze des steifgeschwollenen Schaftes und spritzte schließlich sein Sperma in die schmachtende Scheide seines schwelgenden Schleifchens.

Stille. – Dem Stöhnen folgte Stille. – Verschmelzende Stille.

Märchen

Völlig verschleiert erschien die freundliche Fee in seinem Schlafzimmer und versprach ihm die Erfüllung von drei Wünschen. Felix frohlockte und begann sofort, seine Sehnlichkeiten in Worte zu fassen: „Mein erster Wunsch betrifft den Leib der Frau, die eines Tages mein Bett mit mir teilen möge. Ich begehre einen flachen und straffen Bauch zu streicheln, den Nabel gefühlvoll zu umkreisen, zärtlich und sanft nach der Wespentaille zu fingern, um schließlich meine heißen Hände in die seitlichen Senken zwischen Hüften und Brüsten zu schmiegen. Hätschelnd und tätschelnd möchte ich dann hinaufsteigen und den bebenden Busen erobern. Lange verweile ich bei den Ausläufern der weiblichen Wölbungen, ertaste sie dezent, umgarne sie galant, bis die Schwellung der Mamillen mein Besteigen der Berge erbittet."

Die freundliche Fee staunte über den Schwall der Schilderung und erwog, die Raffinesse zu rügen, mit der Felix gleich mehrere Anliegen zu einem ganzen Wunschpaket verschnürt hatte. Jedoch – sie ließ ihn gewähren, äußerte ihren Tadel also nicht, denn insgeheim freute sie sich, jetzt auch dem zweiten Wunsch lauschen zu dürfen.

„Ein liebes Gesicht, das anmutige Schönheit mit dem Ausdruck von tiefem Empfinden verbindet, ist mir von hoher Bedeutung. Große, klare Augen mögen strahlen und ihr Aufschlag mich bezirzen. Rote, volle Lippen sollen meinen Mund verwöhnen wollen. Zartes Züngeln bis hin zum laugenden Saugen, lindes Lecken bis hin zum stürmischen Schlecken erhebe unsere orale Öffnung zur schlemmenden Verschmelzung."

Die Fee schwankte zwischen Empörung und Betörung. Einerseits konnte sie Felix' ausufernde Visionen nicht gutheißen – niemals zuvor war ihr ein derartiges Ausschöpfen ihrer Offerten begegnet – andererseits regte Verständnis ihr Gemüt und schließlich gestand sie sich ein, regelrecht erpicht dem dritten Wunsch entgegenzufiebern, denn sie hoffte, von weiteren erotischen Ausmalungen berührt zu werden.

„Gierige Schenkel sollen mich begrüßen und schlanke Beine mich umschlingen, wenn ich zum Schoß der Liebsten strebe und meinen prallen Penis in die schmachtende Scheide schiebe. Reizendes Reiben durch stetiges Stoßen des geilen Gliedes in der warmen Vagina führe uns zu verzückten Gelüsten. Keuchende Seufzer mögen sich zur Musik erheben, die das tobende Tosen wonniger Wellen begleitet."

Schelmisch schaute Felix die irritierte Fee an. Er war sich seines Schummelns bewusst, bat aber dennoch mit Einsicht erhaschendem Lächeln um Erhörung.

Das Schwanken der Fee zwischen Empörung und Betörung neigte sich eindeutig zu Letzterem. Sie ahnte die Lüste der sexuellen Erregung und bedauerte sehr, eine Fee zu sein, die in ihrer reinen Vergeistigung niemals zu erogenen Genüssen gelangte. Sie haderte mit ihrem Schicksal und entschied sich, diesem zu entfliehen, auch wenn sie dadurch ihre magischen Kräfte opfern musste. Mit einem letzten Zauberspruch schlüpfte sie in eben die schöne Gestalt, die Felix so beschaulich beschrieben hatte. Sodann sprach sie: „Felix, du Schlingel, dein Schummeln sei dir verziehen, wenn auch du mir einen Wunsch erfüllst." Da Felix neugierig blickte und zustimmend nickte, fuhr sie fort: „Lass die freundliche Fee, das spirituelle Geschöpf, lass es mutieren zum weiblichen Wesen mit sinnlichen

Süchten. Lass mich, lieber Felix, lass mich deine Frau sein. Küsse dreimal den Saum meines Schleiers und taufe mich auf einen irdischen Namen deiner Wahl, dann tritt ein, wonach du trachtest, dann wandeln deine Wünsche ebenso zur Wirklichkeit wie mein Wesen zur Weiblichkeit."

Felix fügte sich voller Freude und bestimmte „Freya" als Namen seiner Frau. Sofort folgend feierten die frisch Verliebten, Freya und Felix, Taufe und Verlobung mit einem großen Fest der Erotik in Felix' Bett, das sie von nun an teilten.

Und wenn sie nicht gestorben sind, dann teilen sie noch heute und feiern immer wieder.

Glückliche Liebe schreibt keine Gedichte

Halb sitzend, halb liegend ruhte Oskar auf dem Bett. Polster und Nackenrolle sorgten für komfortables Anlehnen. Sein linkes Bein bildete eine Brücke über seiner Frau Karola, die quer zu ihm lag und den rechten Oberschenkel ihres Mannes als Kopfkissen nutzte.

Völlig nackt weilten die Ehepartner in dieser höchst bequemen Haltung. Diese kam natürlich nicht nur der Gemütlichkeit zugute, sondern schürte zudem sexuelle Erregung und führte zu lustvollem Laben an genitalen Genüssen.

Oskars linke Hand umschmeichelte Schenkel und Schoß seines Schatzes. Der wiederum bediente durch behutsame Berührungen das Begehren ihres Geliebten bestens. Flutschende Feuchte füllte die Feige der frönenden Frau, flutete aus und floss über die Ufer. Durch den glibberigen Glitsch glitt Oskar galant und geschmeidig zur Klitoris, deren zartes Beturteln durch smartes Betupfen lechzende Gelüste erblühen ließ.

Kolossal groß ragte Oskars Rohr empor. Karola umschmiegte den steifen Schaft und spürte sein Brennen und Beben. Vorsichtiges Zurückziehen der feinfühligen Vorhaut steigerte stetig die Stimulation und animierte tiefes Atmen. Mit kippenden Bewegungen des Beckens orderte Karola Oskars Hand in die heiße Höhle zwischen ihren gierigen Beinen. Gerne folgte der gefühlvolle Liebhaber dieser Weisung, führte seine Finger zu den warmen und weichen Wänden der Vagina, rieb diese reizend, reckte sich rekelnd in Richtung der triefenden Tiefen und rührte hierin rege bis rasant.

Besondere Beachtung im Liebesspiel des Ehepaares, ja sogar symbolische Bedeutung, erfuhren die oralen Offerten, vor allem die Fellationen. Sie drückten am deutlichsten die dichte Durchdringung und fesselnde Verflechtung der Verliebten aus. Die Wertschätzung dieses erfüllenden Verlangens veranlasste dessen ausgeprägte und regelmäßige Pflege und teilte ihm immer wieder – also auch dieses Mal – die Hauptrolle zu.

Bedächtig beugte Karola Oskars geiles Glied zu ihrem nassen Mund, lancierte das lange Lingam zum linden Lecken zwischen die labenden Lippen. Zartes Züngeln an der glatten Glans schmeichelte der heischenden Eichel, schlemmendes Schlecken über die kribbelnde Kuppel provozierte prickelndes Pulsieren des prallen Penis. Zudem durchzuckten kitzelnde Blitze Oskars Rohr bei Karolas Küssen rund ums Frenulum.

Lange ließen die Liebenden die Lust lodern und genossen das Glühen der Genitalien. Das schmiegende Umspielen der schmachtenden Scheide führte ebenso wie das labiale Locken der siedenden Säule zum Entzücken und Entrücken. So keuchten und seufzten die beiden in seliger Sinnlichkeit auf den wonnigen Wogen der ekstatischen Sexualität.

Dass der Oralverkehr für Karola und Oskar im Vergleich zu anderen erotischen Begierden so erhaben rangierte, war in einer kritischen Phase – oder besser formuliert: in einer prüfenden Periode ihrer Partnerschaft – begründet.

Karola und Oskar waren schon zu Schulzeiten ein Liebespaar. Noch im Teenageralter heirateten sie und bekamen Nachwuchs. Zwillinge. Durch gute Organisation, viel Hilfe der Eltern beziehungsweise Großeltern und vor allem durch ihre Liebe gelang es den jungen Eheleuten, das Familienglück zu genießen und trotzdem Berufsausbildungen zu absolvieren. Auch bei den anschließenden Erwerbstätigkeiten schufen sie eine gute Arbeitsaufteilung: Oskar war vormittags als Familientherapeut beschäftigt, Karola trainierte in den Nachmittags- und frühen Abendstunden ambitionierte Jugendliche eines Schwimmvereins. Ohne großen Stress durften sie sich so ihren Kindern widmen und gleichzeitig den Berufen nachgehen, die sie beide mochten. Da sie auch noch etwas Zeit für sich selbst fanden, hatten sie allen Grund, zufrieden zu sein, waren es auch und wirkten mit entsprechender Ausstrahlung auf ihr Umfeld. Im Freundeskreis nannte man sie gerne „Oskarola“, verband also ihre Namen zu dem, was sie überzeugend vorlebten, nämlich eine harmonische Einheit.

Als Oskarolas Kinder schon weitgehend selbstständig waren und eigene Wege gingen, geschah genau das, wovor dieses Ehepaar gefeit schien. Ihr idyllisches Verhältnis wurde belastet und die Partnerschaft auf die Probe gestellt: Karola verliebte sich, verliebte sich in einen anderen Mann. Dabei ging es nicht um einen Flirt oder eine Affäre – dazu war Karola nicht der Typ –, sondern es ging um eine Zuneigung von tieferer Ausformung.

Ein neuer Kollege namens Till hatte es ihr angetan, zog sie magisch an, bescherte ihr die Schmetterlingsgefühle des Verliebtseins, schenkte ihr süße Träume und animierte sexuelle Wünsche. Es war schön, diese Gefühle und das Begehrtsein neu zu erfahren; quälende Sorgen litt Karola aber auch: Die friedliche Ruhe war dahin, die geschätzte Beständigkeit gefährdet. Stattdessen prägten nun Zerfahren- und Zerstreutheit den Alltag und führten zu Magenverstimmungen sowie Schlafstörungen.

Oskar wusste Bescheid! Karola hatte ihn eingeweiht! Demzufolge kämpfte er gegen die gleichen Symptome zuzüglich seiner Eifersucht. Zum Zerwürfnis zwischen den Ehepartnern kam es aber nicht, Schuldzuweisungen blieben aus. Weder machte Oskar seiner Karola Vorwürfe, sich nicht gegen Amors Pfeile geschützt zu haben, noch versuchte Karola, ihr Verlangen nach einem anderen Mann durch Defizite in ihrer Ehe zu begründen. Ihre gute Beziehung, ihr Liebesverhältnis, ihre Oskarola-Verbindung blieb bestehen. Sie fühlten auch in dieser schmerzlichen Lage miteinander und teilten ihren Kummer.

Gänzlich unvorbereitet waren sie auf ihr Eheproblem nicht. Denn ähnliche Fälle kannte Oskar aus dem Umfeld seiner beruflichen Tätigkeit und diskutierte sie hin und wieder auch mit Karola. „Man darf seine Gefühle nicht vergewaltigen!" Zahlreichen Eheleuten hatte er diese Weisheit gepredigt, um respektvollen Umgang auch in Krisen zu fördern. „Lieben heißt loslassen!" Mehrere Ehen konnte er durch das Einfordern dieses Toleranzanspruchs retten. „Die offene Ehe weitet den Horizont seiner Partner!" Immer wieder hatte er mit diesem Zitat empfohlen, die Lockerung der Treuepflichten zu erwägen, wenn Liebesgefühle den monogamen Rahmen sprengten.

Oh, wie groß war die Diskrepanz zwischen Rat und Tat! Wie weit lagen Theorie und Praxis auseinander! Wie stark zermürbten Oskar die eigenen Vorschläge, wo sie ihn nun selbst betrafen und persönlich angingen. Dennoch wollte er sie beherzigen, um die Liebe zwischen ihm und seiner Frau zu bewahren und damit ihre Ehe zu sichern.

In der Hoffnung, die Kraft für diesen Kampf zu finden, sortierte er seine Gedanken: Wenn er sich Karolas Gefühlen in den Weg stellte, müsste sie in ihrem Mann, also in ihm, ein Hindernis erkennen und nicht mehr den Förderer wie all die Jahre zuvor. Er würde ihr zum Ärgernis werden, an dem die

Liebe zerbröckelte. Das sollte nicht sein, dies galt es zu vermeiden.

Bestünde er auf Karolas Entsagung und versperrte ihr den Zugang zu seinem Nebenbuhler, erzeugte er durch den erzwungenen Abstand zwischen Karola und Till deren Sehnsucht nach einander, die sich mit gegenseitiger Idealisierung verbände, relativierende Betrachtungen verhinderte und stattdessen unrealistische Schwärmerei schürte. Auch das konnte nicht in Oskars Interesse sein. Zudem spekulierte er, dass sich Karolas Hinwendung zu ihrem Kollegen verflüchtigte, wenn der Reiz des Neuen abnahm und schließlich verloren ging. Sollte er diesen Prozess vielleicht auch noch selbst beschleunigen? – Ja, er sollte!

Also besprach er mit seiner Frau, dass sie ihre neue Liebe in jeder Hinsicht ausleben möge, organisierte mit ihr die damit verbundene Zweigleisigkeit und regte sogar eine intensive Phase der Nebenbeziehung an, indem er einen gemeinsamen Urlaub von Till und Karola vorschlug.

Karola dankte ihrem Oskar, rechnete ihm sein Entgegenkommen hoch an und würdigte seine Einstellung. Besser ging es ihr dadurch nicht. Eher im Gegenteil. Die ehrenwerte Haltung ihres Ehemanns verschärfte die Polarisierung. Die Wunde der Zerrissenheit klaffte noch deutlicher und die Spaltung der Gefühle wuchs sich zur Verzweiflung aus. In dieser Hinsicht – also unter dem Aspekt von Zerrissenheit und Spaltung – hätte ein Streit gut getan, den Spagat gelockert und die Spannung entladen. Ein Ehepartner, der in vergleichbarer Situation blindwütig vor Eifersucht um sich schlüge, dadurch die Beziehung zerstörte, bestätigte den Abtrünnigen beziehungsweise die Abtrünnige, triebe ihn in die Arme des rivalisierenden Widerparts, befreite ihn vom Hin und Her der Zuneigungen, verringerte also die Verzweiflung zu Gunsten einer neuen Eindeutigkeit und bereitete ihm – so betrachtet – einen Gefallen. Diese Art der Linderung jedoch wurde Karola nicht zuteil. Und darüber war sie natürlich auch wieder froh, denn sie sah sich glücklich und stolz, in der kritischsten Phase ihrer Ehe nicht zu streiten, sondern die Verbindung mit ihrem Mann bekräftigt zu sehen und die Tiefe der Liebe auch in schlechten Zeiten beziehungsweise *gerade* in schlechten Zeiten so intensiv zu erfahren. Ja, es war verrückt: Die Nebenbeziehung mit Till stabilisierte ihre Gefühle für Oskar und damit ihre Ehe.

Man konnte es Karola also nicht recht machen. Sie wusste nicht mehr wohin mit sich, ahnte die Nöte eines Dreiecksverhältnisses, konnte ihm aber dennoch nicht entfliehen. Zudem plagte sie im wortwörtlichen Sinne Mitleid: Sie litt mit! Mit ihrem Mann, dem geliebten Mann, dem vertrauten und zärtlichen Liebhaber. Sie litt mit der Stütze und Lehne ihres Lebens, mit der beständigen Größe an ihrer Seite, auf die sie sich auch in den schwierigsten Lebenslagen, wie sich gerade einmal mehr herausstellte, verlassen konnte. Sie litt mit ihrem stetigen Begleiter in Freud und Leid und nicht zuletzt mit dem Vater ihrer Kinder. Sie vermochte es selbst nicht zu fassen, dass sie diesen, ihren Mann so peinigte, und konnte sich dennoch nicht anders helfen.

Die Wirrungen der Gefühle mussten also zunächst einmal akzeptiert und ausgehalten werden, denn eine schnelle und glatte Lösung der Probleme gab es nicht.

Die geplante Urlaubswoche von Karola und Till nahte. Die Zerreißprobe von Oskarola nahm konkrete Formen an. Manchmal wussten die beiden nicht recht, wie sie sich angucken sollten, ein andermal fielen sie sich gegenseitig tröstend in die Arme, verweilten lange in dieser Geste und verwandelten sie ganz allmählich in zärtliche Sexualität. Mit kosenden Küssen und stimulierendem Streicheln taumelten sie teils unter Tränen in einen See des Vergessens und labten sich an ihrer Liebe und Lust. Oft auch trieben die aufgewühlten Hormone zu extrem orgiastischer Erotik, die sich in stürmischen Umschlingungen, packendem Erfassen, wildem Reiten und heftigem Stoßen ausdrückte, bis sie im Rausch leidenschaftlicher Orgasmen endete. Doch lange ließ sich die Traurigkeit nicht verdrängen, zuverlässig kehrte sie zurück und führte die Ausweglosigkeit vor Augen.

Als Karola am Vorabend ihrer Abreise nach Hause kam, fand sie einen Brief von Oskar auf dem Küchentisch:

Liebe Karola, ich möchte uns den Abschied erleichtern und bin für ein, zwei Tage zu unseren Kindern gefahren.

Bitte verzeihe mir, dass ich es nicht schaffe, dir eine schöne Woche zu wünschen. So stark bin ich nicht. In deinem Glück, das du bei und mit einem anderen Mann erfährst, auch meines zu sehen übersteigt mein Niveau. Wir wissen beide, dass du diesen Weg gehen musst, aber gleichzeitig sehne ich sein Ende aus tiefster Seele herbei.

Abschließend möchte ich eine Bitte an dich richten. Vielleicht begehe ich damit einen Fehler, ich wage es trotzdem: Wir haben mit Beginn unserer Freundschaft eine wunderschöne Sexualität und Erotik genossen und all die langen Jahre gepflegt.

Wie schon oft gesagt, messe ich unserem Oralverkehr, insbesondere deinem Lecken meines steifen Gliedes, besondere Bedeutung bei. Wie kein anderes Liebesspiel drücken Cunnilingus und Fellatio unser Vertrauen und Öffnen füreinander aus. Wenn es dir, liebe Karola, möglich wäre, diese symbolträchtige Intimität für uns zu bewahren, nur mit mir zu teilen und als unseren Besitz zu respektieren, könnte ich meine Eifersucht ein bisschen besser ertragen und wäre dir sehr dankbar.

In Liebe und Sehnsucht,
dein Oskar

Karola griff sofort zum Handy und schickte eine SMS:

Mein Schatz, mein Liebster, mein Allerbester,
zu verzeihen gibt es gar nichts, auch du darfst deine Gefühle nicht unterdrücken. Quäle dich bitte nicht mit Selbstvorwürfen, Leid erfährst du schon genug durch mich.

Dein Wunsch sei nicht nur erfüllt, sondern mit großer Zustimmung auch zu meinem Anliegen erklärt, und zwar genau in dem Sinne, den du beschreibst.

In Liebe, in ewiger Liebe,
deine Karola

Die Verzweiflung hielt an. Karolas Zuneigung zu Till wurde bestätigt. Er war wirklich sehr sympathisch und attraktiv, anziehend und aufregend, erwies sich zudem auch beim näheren Hinsehen als empfindsam und gefühlvoll. Liebenswert eben! Sie trieben viel Sport miteinander, gingen spazieren, unterhielten sich anregend, suchten auch das Bett gemeinsam auf, schmusten und schliefen miteinander. Und all das war schön! Schrecklich schön! Schrecklich schön im wahrsten Sinne des

Wortes. Denn zumindest in Nebengedanken hatte Karola gehofft, dass sich die ganze Angelegenheit als Irrtum erwiese, Till die guten Eindrücke nicht unterstrich, das Zusammensein mit ihm ernüchternd verlaufen würde und sie, die Abweichlerin, völlig bekehrt und geläutert, ins ruhige Fahrwasser ihrer Ehe zurückkehren könnte. Ja – so komisch es klingen mochte – Karola erträumte sich Enttäuschung. Diese Erleichterung wurde ihr aber nicht zuteil. Stattdessen musste sie die Schrecken des Schönen aushalten, also ein Wohlbehagen empfinden, das gleichsam schmerzte.

Ihren lieben Mann, ihren Oskar, vergaß sie nie. Stets war er zugegen. Alle Vortrefflichkeiten ihres Freundes konnten die Vorzüge ihres Mannes nicht schmälern oder verdrängen. Zum Unterhalten über die Kinder zum Beispiel gab es nur einen einzigen idealen Gesprächspartner: Oskar! Kleine, lieb gewonnene Neckereien und Schäkereien, die auf Erlebnisse der Vergangenheit anspielten, waren nur mit *einem* zu genießen: mit Oskar! Tiefes Verständnis, das auf vielen Erfahrungen basierte, und die große Geborgenheit, die auf beständiger Liebe beruhte, fand Karola natürlich ebenfalls nur bei *einem*: bei Oskar!

Und die Sexualität? Ja, sie gab es zu: Das Prickeln und Kribbeln des Neuen hatten ihren Reiz und Kitzel. Gleichzeitig aber vermisste sie auch hier Vertrautheit. Die Vorfreude auf gewohnte Berührungen, der Genuss von ritualisierten Bewegungen und das Vergnügen eingespielter Gebärden fehlten ihr sehr.

Insbesondere wurde ihr durch diese Ermangelung bewusst, wie schön es war, sexuelle Wünsche gar nicht formulieren zu müssen, sondern in den Ahnungen des Liebhabers verankert zu wissen und nach dezentester Anregung durch kleinste körperliche Gesten schon erfüllt zu bekommen. Die reifen Früchte der Erotik, die dem sorgfältigen Säen, kultivierten Keimen und würdigen Wachsen entsprangen, pflückte nur *einer* für sie: Ihr Ehemann, Oskar!

Jeden Tag rief sie ihn an, nicht lange, aber dennoch liebevoll. Oft sagte sie ihm lediglich „Guten Morgen“ oder „Guten Abend“ und schickte ihm einen Kuss durch die Leitung.

Einmal konnte sich Till ein Murren zu dieser Gepflogenheit nicht verkneifen. Darüber ärgerte sich Karola, um dann aber auch eine Freude zu verspüren. Denn in Oskar, der vergleichbare Unmutsäußerungen unterließ, den Souveräneren und Reiferen ihrer beiden Geliebten zu erkennen bestätigte ihre Ehe und das tat ihr gut. Mit der gleichen Vermischung der Gemütsbewegungen registrierte Karola noch weitere Begebenheiten ähnlicher Art, die sich im Laufe der Urlaubswoche summierten. Das Wahrnehmen von kleinen Schwächen ihres Freundes Till focht ihre Neigung zu ihm zwar nicht an, baute aber die Verblendung des Verliebtseins langsam ab und förderte realistische Einschätzungen. Es stellten sich also neben das schrecklich Schöne nach und nach auch schöne Schrecken. Licht und Schatten lösten sich stetig ab, durchdrangen sich, kämpften miteinander um die Vormacht und wechselten bei diesen Gefechten die Siegerpose in einer Geschwindigkeit, die Karola überforderte. Die Ambivalenz von Freude und Ärger war unerträglich.

Karola durfte ihre Liebesgefühle zu Till ausleben – und das war gut so. Glücklich war sie damit aber nicht.

Und Oskar? Wie verbrachte er seine einsame Woche? In seiner Betrübnis entdeckte er ein altes Hobby wieder: Lyrik. Schon als Schüler hatte er besonderes Interesse an den Dichtern der Romantik entwickelt, vor allem an Heinrich Heine.

Hast du die Lippen mir wund geküsst,
So küsse sie wieder heil.
Wenn du bis abends nicht fertig bist,
So hat es auch keine Eil'.
Du hast ja noch die ganze Nacht,
Du Herzallerliebste mein.
Man kann in solch einer ganzen Nacht
Viel küssen und selig sein.

Wie oft hatte Oskar diese Verse seiner Liebsten vorfreudig zugeflüstert? Unzählige Male! Doch nun? – Doch nun waren diese Zeilen Anstoß und Auslöser von Sehnsucht und Eifersucht. Die Vorstellung, dass Karola am Wochenende mit labialen Verwundungen der beschriebenen Art nach Hause käme, die sie seinem Rivalen verdankte, zogen ihm Herz und Magen so schmerzlich zusammen, dass er es kaum aushielt. Und dennoch war Oskar bereit, gerne bereit, auch in diesem Fall für Heilung zu sorgen und Karolas Lippen wieder gesund zu küssen.

Zurück zur Lyrik: Gelegentlich wagte Oskar auch eigene Versuche und erfreute sich an manch gelungenem Reim. Diese Freizeitbeschäftigung nahm er nun wieder auf und dichtete – wie sollte es anders sein – Klagelieder der Liebe in Form von Elegien und Oden. „Ist Karola untreu?“, reflektierte er dabei und kam zu einer schlüssigen Antwort: „Nein! Sie war ehrlich!

Ehrlich zu ihren Gefühlen und somit ehrlich zu sich selber. Und wenn sie „Oskarola“ nicht nur als charmanten Kosenamen werteten, sondern auch als Ausdruck innigster Verbindung ernst nahmen, dann lag in Karolas Ehrlichkeit zu sich selbst immer auch Ehrlichkeit zu ihm, Oskar. Und in dieser Tugend wähnte er die Basis des Vertrauens, also auch der Treue. In aller Deutlichkeit sah er bestätigt, dass Karola ihn zwar quälte, aber dennoch alles richtig machte, auch in seinem Sinne. – Große Liebe, großes Leiden!

Zudem wurde ihm klar, dass es ihm genauso ergehen könnte wie ihr und auch er beim ungewollten Verlieben genauso handeln müsste wie sie. Wie viele Paare belogen und betrogen sich in ähnlichen Fällen und entfernten sich dadurch voneinander. Nicht so Oskarola! Sie gewannen im Auseinandergehen Nähe. Es war paradox: In Tills Armen verstärkte sich die Verschmelzung von Karola mit Oskar. – Großes Leiden, große Liebe!

Ansonsten, also neben der kreativen Verarbeitung seines Kummers, flüchtete sich Oskar in die Arbeit und nutzte zudem jede Gelegenheit zur Ablenkung. So auch an dem Abend, der traditionell seinen Fußballkumpels gehörte, die sich zum Kicken in einer Turnhalle trafen. Normalerweise ging er nach dem Training nach Hause, während einige der anderen Sportler noch einen Abstecher in die nahegelegene Diskothek machten. Er selbst hatte wenig Interesse am Tanzen und an Trubel schon gar nicht. Doch diesmal ging er mit, um vom melancholischen Alleinsein Abstand zu bekommen, und er saß sogar noch am Tresen, als all seine Kameraden schon wieder verschwunden waren.

Darauf schien eine äußerst attraktive Blondine nur so gewartet zu haben. Im Stile einer verführerischen Zaubermaus tänzelte sie auf ihn zu, nahm ungefragt seine Hand und zog ihn auf die Tanzfläche. Dort führte sie seinen Augen ein bezirzendes Balzen von höchst erotischer Ausstrahlung vor. Mit erhobenen Händen ließ sie schlängelnde Wellen durch ihren Körper laufen, nickte kokett mit dem Kopf, posierte mit den Brüsten, kippte das Becken, schwenkte die Hüften und brachte ihre optischen Reize bestens zur Geltung. Oskar war beeindruckt und durchaus betört. Nun wechselte die Musik zu einem langsamen Schmuselied. Wie selbstverständlich legte die Zaubermaus Oskars Arme an ihre Taille, dann umfasste sie zärtlich seinen Hals. Beim smarten Schwofen zu den romantischen Takten des Kuschelrocksongs touchierte sie mit den prallen Wölbungen ihrer Weiblichkeit immer wieder die männliche Brust. Oskar wusste nicht recht, wie ihm geschah, fühlte sich aber zumindest nicht unwohl und ließ sich von der attraktiven Tänzerin leiten. Diese drehte sich nach zwei, drei Minuten um, lehnte sich nun rückwärts an Oskar, holte sich seine Hände zum Erfassen ihres heißen, halbnackten Bauches und offenbarte ihre Verführungsabsichten nun in aller Deutlichkeit, indem sie mit ihrem süßen Po an Oskars Unterleib wippte.

Innerhalb von Sekunden streckte sich das männliche Glied in die Länge und verhärtete zur Säule. Die Verführerin spürte den steifen Schaft und fühlte sich auf ihrem Weg bestätigt. Also wandte sie sich erneut um, schmiegte sich nun wieder frontal, aber noch enger an das Objekt ihrer Begierde und begann, Oskars Hals zu liebkosen. Sachte küsste sie sich hinauf, erreichte sein Gesicht, schmeckte die Wange, knabberte verspielt am Ohrläppchen, kehrte zurück, liebkoste die Wange erneut, entflammte sich an deren Glühen, peilte nun zielstrebig die orale Verschmelzung an, züngelte bereits an den Mundwinkeln …

Stopp! Halt! Aus! Ende! Oskar war zwar erregt, sehr erregt und hatte lechzende Lust auf Sex, aber ein rein libidinöser Seitensprung war seine Sache nicht.

Als Oskar wieder zu Hause war und die Erregung immer noch wallte, legte er sich aufs Bett und onanierte. Dabei dachte er an Karola, seine Frau. Zum Orgasmus kam er allerdings nicht. Als ihm nämlich plötzlich gewahr wurde, dass seine Ehepartnerin die Gelüste, die er sich hier in der Einsamkeit selber verschaffte, vielleicht im gleichen Moment in den Armen seines Nebenbuhlers genoss, wurde er sehr traurig. Sein Penis schrumpfte zusammen wie ein maroder Luftballon und statt Sperma flossen Tränen.

Oskar überlegte, ob er Karola die nächtliche Episode berichten sollte, sah aber davon ab, weil er nicht als lehrerhaftes Vorbild zum Thema Verzicht wirken wollte, zumal Karolas Fall anders lag und nicht mit einer beiläufigen Eskapade zu vergleichen war. Als sie am nächsten Morgen anrief, erzählte er aber immerhin, dass er in der Diskothek gewesen wäre und sogar getanzt hätte. Karolas kurzes Schweigen verriet ihm, dass er mit dieser Mitteilung einen Impuls gesetzt hatte, der einen gewissen Effekt nicht verfehlte. Anscheinend war seine Frau noch gar nicht auf die Idee gekommen, dass natürlich auch ihr Ehemann eigene und neue Wege gehen und damit auch sie mit dem Thema Eifersucht konfrontieren könnte.

Die Urlaubswoche von Till und Karola ging zu Ende, die Verzweiflung blieb. Dennoch galt es, ein eindeutiges Ergebnis festzuhalten: Karolas Nummer eins war und blieb Oskar! Der wiederum litt zwar unter der Nebenbeziehung seiner Frau, eine

Minderung oder gar Erschütterung seiner Liebe ging damit aber nicht einher.

Noch am Morgen vor der Abreise schlief Karola mit Till. Als sie zwei Stunden später im Auto Richtung Heimat saß, spürte sie trotzdem schon wieder Nässe zwischen den Beinen und ihre Brustwarzen schwollen an – als Zeichen sexuellen Begehrens. Sie war froh, dieses unter ihrem Blazer vor Till verstecken zu können, denn ihre Geilheit galt ganz allein Oskar. Sie freute sich wie wahnsinnig auf das Wiedersehen mit ihrem Schatz und konnte es kaum erwarten, ihn in die Arme zu schließen.

Oskar erwartete Karola zum Abendessen und war dabei, etwas Leckeres zu kochen. Karola lobte sein Bemühen, stellte den Herd aber trotzdem ab, sorgte stattdessen für romantische Beleuchtung und Musik, wandte sich dann an ihren Allerliebsten und hauchte ihm ins Ohr: „Zuerst will ich dich, lass uns Oskarola sein!" Aneinandergeschmiegt begannen sie zu tanzen. „Das hatten wir schon lange nicht mehr und kommt wohl nicht von ungefähr", dachte Oskar und ergötzte sich an dem lüsternen Verlangen, das seine Liebste ihm darbot. Bei wiegenden Schritten glitten ihre Hände über seine Schultern und den Rücken, ihre Brust lehnte an seiner und ihre Lippen suchten den Mund, der küssen konnte wie kein anderer.

Der Gedanke an die verlorene Monogamie erfasste beide mit einem kurzen Schauer der Zerrissenheit, konnte sie aber nicht hindern, ihre Lust und Liebe, die über allem stand, auszukosten. Karola gebärdete sich, als ob sie seit Ewigkeiten Sex ermangelt hätte, und saugte Oskars erogene Berührungen auf wie ein vertrockneter Schwamm das Wasser. Nach wie vor so begehrt zu sein tat Oskar gut, auch im Sinne von Genugtuung.

Das Umarmen steigerte sich zum Umschlingen, das Küssen zum Schlecken, das Drücken zum Pressen.

Bald, sehr bald lagen sie im Bett. Steifer Schaft und schmachtende Scheide gierten nach geilen Genüssen, trieben zueinander, trieben ineinander. Doch während des stetigen Stoßens des großen Rohres im lüsternen Loch verließ Karola die Kunst, ihre beiden Männer voneinander zu trennen, und auch bei Oskar wiederholte sich der eben schon erlebte Schauer. Nun erwies sich ihre Vereinbarung, den Oralverkehr nur für sich zu bewahren und als Sakrament der Zweisamkeit, ihrer Zweisamkeit, zu würdigen, als großes Glück. Sie lösten die Stellung auf und wandten sich in anderer Weise einander zu: Karola bettete Oskars Kopf mit Hilfe eines Kissens in eine höhere Lage und beugte ihre Scham über ihn. Gleichzeitig nahm sie sein steifes Glied in die Hand und führte es zu ihrem Mund. Sofort hatten sie das Niveau ihrer Verschmelzung wieder erreicht und frönten nun ungestört der Lust. Oskar züngelte an Karolas Schamlippen, umkreiste den Kitzler in sanften Bögen, vermischte seinen Speichel mit Karolas Liebessäften, die der Scheide nahezu strömend entwichen. Karola leckte sachte über die Kuppel des prallen Penis, betupfte das Frenulum und formte ihre Lippen zu einem Oval, das sie immer wieder über die Eichel stülpte.

Zunehmendes Ziehen und Zucken in der feuchten Feige zielten zum Zenit. Sprudelndes Sperma spross zur Spitze des steifen Schaftes und strebte zum Spritzen. Opulente Orgasmen verbanden und verknüpften Karola und Oskar zu dem, was sie schon immer waren und auch blieben, zu Oskarola.

Während des Abendessens gestand Karola ihren Anflug von Argwohn wegen Oskars Tanzen in der Disko, schämte sich ein bisschen dafür und bestaunte umso mehr Oskars Umgang mit der Eifersucht. Dieses Bestaunen, dieses Bewundern bekräftigte ihre Zuneigung aufs Neue. „Auch wenn ich mich verzweigt habe“, lobte, pries und dankte sie gleichzeitig, „erlebe ich meine Liebe zu dir noch stärker als bisher.“

Karola hoffte – und sie hoffte nicht vergebens – dass Oskar durch ihre Liebeserklärung nicht nur die Leiden, sondern auch die Belohnung für diese Leiden in der kritischen Phase ihrer Ehe erkannte.

Ansonsten verzichteten die beiden auf Reflexionen der vergangenen Woche, nahmen sich stattdessen andere Themen vor, zum Beispiel ihre Kinder. Diese wussten von den Sorgen ihrer Eltern nichts und so sollte es auch bleiben. Im Einvernehmen bezüglich dieses Wunsches sahen Karola und Oskar ein weiteres weisendes Zeichen.

Nun richteten sie sich für eine schöne Liebesnacht ein. Nach gemeinsamem Duschen mit gegenseitigem Einseifen, das von intensivem Streicheln nicht zu unterscheiden war, gaben sie sich einem ausführlichen Cunnilingus hin. Karola legte sich auf den Esstisch und streckte ihren lechzenden Leib in Rückenlage aus. Oskar lauerte sitzend vor der Tischkante und bot seine breiten Schultern als Ablage für Karolas Beine an. Sanft küsste er die Innenseiten der Schenkel, mal links, mal rechts, saugte hin und wieder an dem festen Fleisch, schmuste sich stetig höher in Richtung Scheide und teilte schließlich deren Schamlippen. Zunächst mit der Nase, dann mit der Zunge. Karola tat ihr Wohlgefühl seufzend kund und hob ihre Scham Oskars Mund entgegen, um inbrünstiges Lecken zu erhaschen. Nichts konnte den liebenden Mann glücklicher machen, als die Begierde der Frau zu stillen, die sich nach ihm, Oskar, verzehrte, von ihm,

Oskar, befriedigt werden wollte und sich trotz aller verworrenen Verwicklungen nach wie vor als seine, Oskars, Frau fühlte und zu erkennen gab.

Er zuzelte zärtlich rund um die Klitoris und schleckte schlemmend den Eingang der Vagina, bis sowohl seine erschöpften Mund- und Nackenmuskeln als auch Karolas Lustschmerzen Einhalt geboten. Sodann begaben sie sich in eine Stellung, die ebenfalls zu ihren sexuellen Lieblingsposen – einzig für sie beide, für Oskarola, auserkorenen Lieblingsposen – bestimmt war: Halb liegend, halb sitzend ruhte Oskar auf dem Bett. Polster und Kissen sorgten für komfortables Anlehnen von Rücken und Kopf. Sein linkes Bein bildete eine Brücke über Karola, seine Frau Karola, die quer zu ihm lag und den rechten Oberschenkel ihres geliebten Mannes als Kopfkissen nutzte. In höchster Erregung weilten sie in dieser äußerst bequemen Haltung und labten sich in aller Ausführlichkeit an genitalen Genüssen …

Karola und Oskar hatten noch harte Zeiten zu überstehen, Leid und Pein der Dreiecksbeziehung blieben ihnen zunächst erhalten. Einen Abend und eine Nacht pro Woche verbrachte Karola bei und mit Till. Gelegentlich trafen sie sich auch noch vormittags. Sämtliche Empfindungen und Gefühle, Gedanken und Überlegungen, Vor- und Nachbetrachtungen, die die vergangene Urlaubswoche geprägt hatten, blieben also für alle Beteiligten aktuell.

Zudem beschäftigte Karola eine weitere Wahrnehmung: Ihre Nachbarin, Lilli, mit der das Ehepaar seit Jahren ein nettes Verhältnis pflegte, suchte in jüngster Zeit häufiger und gezielter als sonst den Kontakt zu Oskar und entwickelte dabei ein genaues Gespür für dessen einsame Abende. „Ahnt Lilli unsere Beziehungsprobleme?“, erwog Karola. „Spekuliert Lilli auf das Ende unserer Ehe? Sitzt sie bereits in den Startlöchern, um den Platz an Oskars Seite einzunehmen? Hofft sie auf seine Partnerschaft? Wirbt sie um ihn? Ist Lilli eine Rivalin? Dass sie für Oskar schwärmt, hat sie noch nie verhehlt!“ Auch wenn Oskar Lillis Visiten nicht abwehrte, erwiderte er ihre einschlägige Verehrung nicht im Geringsten und hütete sich davor, etwas anderes zu signalisieren.

Es kam ihm auch nicht in den Sinn, Lilli zu benutzen, um zum Thema Nebenbeziehung ein Pendant zu Karola zu bilden und dadurch auf seine Gleichberechtigung zu verweisen. Dennoch war Karola die Annäherung der beiden nicht recht, ja, es versetzte ihr sogar einen Stich, wenn sie die gebrauchten Weingläser sah, mit denen sich Lilli und Oskar während ihrer Abwesenheit wohl zugeprostet hatten. Wenn Karola zu Till ging, schuf sie also freie Bahn für Lilli zu Oskar. Das missfiel ihr. Selbstverständlich konnte und wollte sie sich nicht beschweren. Lamentieren stand ihr ja nun wirklich nicht zu. Fairerweise nutzte sie stattdessen ihre eifersüchtige Gemütsverfassung, um sich einmal mehr in Oskars Lage zu versetzen. Mitleid und Bewunderung waren abermals die Ergebnisse dieses Einfühlens. Karola liebte und schätzte Oskar mehr denn je.

Ihre Neigung zu Till blieb trotzdem bestehen. Der übrigens saß zwischen den seltenen Aufwartungen seiner verheirateten Freundin auch nicht nur zu Hause und drehte Däumchen. Nein! Till führte ein sehr kommunikatives Leben, das Karola allerdings kaum zur Kenntnis nahm. War ihr geringes Interesse eine Form von Verdrängung, Flucht vor weiteren emotionalen Belastungen, vorsorgliches Umgehen von zusätzlichen Eifersüchteleien? Oder gab es andere Gründe für die fehlende Anteilnahme? Karola wusste es selbst nicht, wusste nicht einmal, ob sie es wirklich nicht wusste oder nicht wissen wollte.

Nach den gemeinsamen Stunden von Karola und Till, die nun immer häufiger auch Lilli und Oskar zusammenbrachten, waren die Eheleute regelrecht erpicht, sich gegenseitig ihre Oskarola-Verbindung zu bestätigen, zu zeigen und in aller Deutlichkeit auszudrücken. In all den Wirrungen – vielleicht auch wegen all der Wirrungen – wurde ihnen klarer denn je, dass sie partnerschaftliche Eigentumsansprüche hegten. Dementsprechend nahmen sie sich nun wieder in Besitz, umfassten sich fesselnd und ließen lange nicht mehr los. Nach diesen Vergewisserungen der Zugehörigkeit entspannten sie wieder und zelebrierten nun Akte der Sexualität, die sie von sanftester Zärtlichkeit bis hin zu packender Leidenschaft trieben.

Dass sie diese Art von offener Ehe ertrugen, lag zunächst an der manifestierten Rangordnung, die ihnen half, den Stamm von den Zweigen zu unterscheiden. Oskar war zwar nicht mehr Karolas einziger Mann, spielte aber die erste Geige und durfte sich, ebenso wie Karola, mit Fellatio und Cunnilingus einen monogamen Besitz bewahren, den beide behutsam pflegten und zu höchsten Freuden verfeinerten.

Weiterhin hielten sie die seelischen Schmerzen aus, weil sie die Lern- und Kreativprozesse erkannten, die ihrem Kummer entsprangen. Damit verbunden, schätzten sie auch die Entfaltung ihrer Liebe, die auf der Basis von Ehrlichkeit und Toleranz ihre Prüfung bestand. Oskars kleine Gedichte, die sich mit der Zeit zu einer Sammlung anhäuften, standen exemplarisch für die Kreativität, die Entfaltung der Liebe drückte sich vor allem in der erhabenen Erotik aus.

Trotz dieser Milderung spendenden Einsichten zerrten die Tage, Wochen und Monate an den Nerven. Erhebliche Schlafstörungen und Magenverstimmungen waren nach wie vor die Hauptsymptome der Bedrückung.

Schließlich jedoch, endlich und zu guter Letzt war ein erleichtertes Aufatmen zu vernehmen, das den langersehnten Ausgang der schweren Zeiten begleitete. Dieses Aufatmen gestaltete sich so gewaltig, dass man ein Rasseln zu hören meinte, das vom Platzen und Abfallen der Ketten rührte, die sowohl Oskars als auch Karolas Brustkorb so lange gefesselt hielten.

Das Ende kam in etwa so, wie es Oskar – genau genommen auch Karola – hoffend erwartet hatten: Der Reiz des Neuen, der ja Karolas Hinwendung zu einem anderen mitgeprägt hatte, ließ nach und die Schwärmerei wich einer abwägenden Betrachtung. Weiterhin empfanden sowohl Karola als auch Till dessen Rolle als zweite Geige zunehmend problematisch und dementsprechend belastend. Unter diesen Umständen ebbten die Gefühle ab, so dass sich die Liebesbeziehung in eine Freundschaft ohne partnerschaftliche und damit auch ohne sexuelle Komponente wandelte. Selbstredend war die gleichzeitige Bestätigung und Intensivierung der Oskarola-Verschmelzung an dieser Entwicklung von maßgebender Bedeutung.

Eines Tages konnten sie die ganze Phase, die ganze kritische Phase ihrer Ehe mit dem Begriff „durchgestanden“ bezeichnen. Die damit verbundene Erlösung war groß, sehr groß, vor allem auch deshalb so riesig groß und zudem erfüllend, weil nicht

Verdrängung der Aufgaben und Probleme, sondern deren Verarbeitung den schweren Weg von Karola und Oskar prägte.

Trotz des euphorischen Wohlgefühls der Befreiung wurden sie immer mal wieder von Erinnerungen an die überstandenen Sorgen schmerzlich berührt. Dann nahmen sich die beiden schnell in die Arme, gaben sich gegenseitig Halt und spürten dabei, dass sie unzertrennlich und für immer Oskarola blieben.

Gerne zeigten sie sich ihre Liebe mit kleinen Aufmerksamkeiten und Geschenken, freundlichen Schmeicheleien und Komplimenten, Fürsorge und Anteilnahme sowie großen Festen der Erotik. Diese würdigten das Lecken der Genitalien nach wie vor in besonderer Weise, bezogen aber nun auch wieder all die anderen schönen Stellungen der intimsten Sexualität ungehemmt und ungebremst mit ein.

An einem Sonntagmorgen, der den beiden bereits ein schönes Liebesspiel sowie genüssliches Frühstücken beschert hatte, fragte Karola ihren Schatz ganz plötzlich: „Oskar, wann liest du mir dein neuestes Gedicht vor?“

„Oje!“, lautete die Antwort und verriet, dass seine Kreativität brachlag und schon lange keine Poesie mehr hervorgebracht hatte. Da strahlte Karola über das ganze Gesicht, hielt Oskar ein Buch unter die Nase und zeigte auf ein Zitat von Heinrich Heine, das sie gerade entdeckt hatte:

„Glückliche Liebe schreibt keine Gedichte!“

Flöte

Teresa war genervt! Die akustische Vermengung und Vermischung von Autolärm, Baustellenkrach, Kaufhausmusik und Stimmengewirr gingen ihr auf den Geist. Schlechte Luft und beklemmende Enge in den Boutiquen taten ihr Übriges.

Eigentlich war es an der Zeit, diesem Gewusel und Gewimmel zu entfliehen, zumal sie ihre Besorgungen längst erledigt hatte. Zu Hause jedoch warteten Schulaufgaben, deren Bewältigung Teresa auch keine Freude abringen konnte. Und da sie diese Pflicht schon seit mehreren Tagen vor sich herschob, kam zu all dem Unbehagen auch noch Ärger über sich selbst und prägte eine Stimmung von Übellaunigkeit und Missmut.

Eine Aufhellung dieser Gemütslage erfuhr die junge Frau durch einen Straßenmusiker am Ende der Einkaufszeile. Dieser hatte ihre Sympathien schon dadurch gewonnen, dass er sich deutlich vom tosenden Treiben abgesetzt hatte, um seine Musik vor den störenden Geräuschen zu schützen, obwohl die Distanz seine Einnahmen sicherlich schmälerte. Weiterhin gefielen Teresa die Melodien, die er seiner Flöte – seiner Blockflöte – entlockte. Die grazilen Variationen einer besinnlichen Weise trafen genau ihren Geschmack. Sie verweilte drei, vier Minuten und hörte aufmerksam zu. Dann warf sie einige Münzen in die dafür bestimmte Blechbüchse und anerkennende Blicke in das Gesicht des Musikers. Dessen auffallend freundliche Geste des Dankes rundete die Begegnung zu einem kleinen Vergnügen ab.

Wenige Minuten später musste Teresa schmunzeln. Da wurde ihr nämlich gewahr, dass sie der kleinen Episode nicht nur einen Ohrwurm, sondern auch gewisse Heiterkeit entnommen hatte, die den eben noch herrschenden Grießgram verdrängte und die heimkehrenden Schritte beschwingte. Zuhause angekommen, kochte sie sich einen Kaffee, nahm sich die Schulaufgaben vor und staunte, wie gut sie ihr von der Hand gingen.

Obwohl Teresa schon in der dreizehnten Klasse war, besprach sie manche Hausaufgaben gerne noch mit ihren Eltern, bat um Korrekturen, gegebenenfalls auch um Ergänzungen, und wusste die Diskussionen zu schätzen, die der Lernstoff hin und wieder auslöste. Diesmal jedoch brannte ihr ein anderes Anliegen unter den Nägeln: Sie wollte ihrem Ohrwurm nachspüren – und auch dafür waren Mutter und Vater als ausgewiesene Musikliebhaber und -kenner die idealen Ansprechpartner. Teresas Erwartungen wurden erfüllt. Als sie die Melodie vorsang, stimmte ihre Mutter schon nach wenigen Tönen mit ein, während ihr Vater zum Klavier sprang, um begleitende Akkorde zu intonieren. Sodann ging er zum Regal, fingerte eine CD heraus, die er seiner Tochter mit einem Anflug von Stolz und Pathos präsentierte: „Johann Sebastian Bach, Choral Nr. 271, mit dem Titel ‚Gib dich zufrieden und sei stille'. Die für einen Choral auffällig bewegte Melodie ist auch im Notenbüchlein der Anna Magdalena Bach zu finden, steht hier allerdings …" Gerne hätte der Vater noch ein bisschen weiterdoziert, doch Teresa nahm ihm die CD aus der Hand, bedankte sich, verschwand in ihrem Zimmer und bediente die Stereoanlage.

Die anrührenden Klänge bewegten Teresa, den vergangenen Nachmittag selbstironisch zu reflektieren: „Die wohlbehütete Tochter aus so genanntem guten Hause, der es an nichts fehlt, war also schlecht gelaunt. Warum? Weil sie das Shopping angestrengt hatte und Hausaufgaben erledigt werden mussten. – Wie peinlich!" Fast schämte sie sich, von einem Straßenmusiker, der augenscheinlich größere Sorgen hatte als sie, mit der musikalischen Botschaft „Gib dich zufrieden und sei stille“ bedacht, getröstet und in sanfter Weise belehrt zu werden.

Gefühle von Dankbarkeit, die sie gerne auch bekunden wollte, ließen Teresa nicht mehr los. So suchte sie am folgenden Tag den Ort ihrer nachwirkenden Begegnung erneut auf und freute sich, den Flötenspieler wieder anzutreffen. Fast eine halbe Stunde lang lauschte sie seinen Tonfolgen, inszenierte nach jedem Stück einen kleinen Applaus und spendete auch dieses Mal Münzen und lobende Blicke. Als diese Gaben den Empfänger veranlassten, während seines Spiels aufzustehen und mit tiefer Verbeugung seine Erkenntlichkeit zu zeigen, lachte Teresa amüsiert und winkte ihm zum Abschied höflich zu.

Ihre Sympathien steigerten sich zu gewogener Verbindlichkeit und weckten zudem ihre Anlagen für Hilfsbereitschaft und Fürsorge. Offensichtlich lebte der junge Mann – er war wohl kaum älter als sie – auf der Straße. Dies entnahm sie seinem ungepflegten Äußeren sowie den Habseligkeiten, die, in Plastiktüten verpackt, neben ihm lagen.

Teresa kam wieder. Dass auch sie nachhaltige Wirkung auf den Musiker erzielt hatte, verriet dieser, indem er sich schon zur Begrüßung erhob und verbeugte. Wieder genoss Teresa das Straßenkonzert, wieder spendete sie Beifall, etwas Geld und Wertschätzung, die sie diesmal mit einem Wunsch verband: „Würden Sie bitte noch einmal ‚Gib dich zufrieden und sei stille‘ spielen?“ Der Flötist freute sich sehr, durch diese Bitte weniger als Bettler denn als Künstler angesehen zu werden, und trug die gewünschte Musik, so schön er konnte, vor.

„Was gefällt mir eigentlich so gut an der Art und Weise, wie dieser Mann die Flöte bläst“, überlegte Teresa auf dem Heimweg. Sie war der Musik nicht unkundig, hatte sie immerhin zum Prüfungsfach im Abitur gewählt, erhielt seit einigen Jahren Gesangsunterricht, besuchte häufig Konzerte, verfügte also durchaus über nötige Voraussetzungen, um die Frage analytisch anzugehen: Kreative Verzierungen, schöne Tongebung und überzeugende Phrasierung hielt sie als Ergebnis fest, war mit diesem aber noch nicht zufrieden. Denn da war noch etwas, da war noch mehr. Zwischen den Tönen herrschte ein besonderes Fluidum, ein Schwingen, ein Schweben, ein Schwelgen, das sie nicht recht zu fassen wusste. Als sie die Suche nach dem Ursprung dieser Ausstrahlung fast schon aufgegeben hatte, traf sie die Antwort wie eine Erleuchtung: Erotik! Ja, genau, Erotik! Das war es. Seine Musik war vom Flair der Erotik umgarnt.

In der Nachbetrachtung beseelten die Melodien noch einmal Teresas Gemüt und ließen sie nun deutlich erkennen, dass der Flötist seine Töne nicht blies, sondern hauchte. Und dieses Hauchen wirkte – nein, es war – erotisch. Optische Reize kamen trotz der Ungepflegtheit des Obdachlosen hinzu. Teresa gestand sich ein, dass sie in aller Genauigkeit die schönen Lippen des jungen Mannes vor Augen hatte und die Phrasierungen seiner Musik insbesondere deshalb so genau verfolgt hatte, weil sie das Öffnen seines Mundes zum Luftholen nicht verpassen wollte, um von der betörenden Sinnlichkeit dieser oralen Bewegung immer wieder hingerissen zu werden. Und die Hände? Fein und zart verwandelten sie die Grifflöcher der Blockflöte zu Mulden der sanften Liebkosung. „Wäre ich gerne seine Flöte?“ Obwohl diese Überlegung als Schauer der Erregung über ihre Brust huschte, schob sie die Antwort auf. Bei den nächsten Begegnungen allerdings achtete Teresa mehr als bisher auf wohlgefällige Bekleidung, mit der sie zwar nicht kokettierend, aber immerhin angenehm weiblich wirken wollte.

Die Begrüßungen der beiden entwickelten sich zu einem kleinen Ritual, das stetig an Charme gewann. Gleiches galt auch für die Verabschiedungen, die zudem mit jedem Mal erheblicher von Wehmut gestreift wurden.

Eines Tages hatte Teresa eine gute Idee, die sie sofort in die Tat umsetzte. Als die Flöte per Ritardando den Schluss eines Stückes ankündigte, schnappte sich die junge Frau die blecherne Spendenbüchse, ging damit auf die umstehenden Passanten zu und bat um einen Obolus. Der Erfolg war enorm. Es kamen im Nu Einnahmen zusammen, die sonst nur in zwei, drei Stunden erreicht wurden. Dass nicht nur die schöne Musik, sondern auch Teresas freundliche Ansprache und ihr einnehmendes Äußeres den Gewinn begünstigten, lag auf der Hand und führte zu dem selbstbewussten Strahlen, mit dem die Sammlerin nun auf den Straßenmusiker zuging und ihm freudig die gut gefüllte Büchse überreichte.

Dieser hatte sich inzwischen erhoben und sein Instrument zur Seite gelegt. Noch immer erstaunt, schaute er etwas verdattert drein und brauchte einige Momente der Besinnung. Dann fragte er in einem Tonfall von Verlegenheit: „Darf ich Ihnen zum Dank meine Hand reichen? Meine Klamotten sind schmutzig, aber meine Hand ist sauber."

„Gerne! Und die andere bitte auch! Diese feinen und zarten Hände wollte ich schon immer mal fühlen." Teresa erschrak ein wenig über sich selbst; so forsch wollte sie nicht auftreten. Doch ihr Gegenüber freute sich über das Kompliment und stellte sich während des Händeschüttelns vor: „Frederik. Ich heiße Frederik." Teresa nannte auch ihren Namen, bestimmte das Du als gegenseitige Anrede, fragte, ob sie sich zum heutigen Abschied noch ein Stück aus seinem Repertoire wünschen dürfte und nannte sogleich den Titel ‚Jesus bleibet meine Freude‘. „Und du meine!“ gab Frederick zurück, erschrak nun ebenfalls über sein Vorpreschen und griff schnell zur Flöte, um der kleinen Peinlichkeit zu entfliehen.

Niemals zuvor gelang ihm die Triolenkette dieses Titels so heiter und beschwingt, so geschmeidig und galant, anmutig, würdevoll und feierlich wie an jenem Nachmittag. Jeder Ton schwang sich zum beseelten Adieu empor. Teresas Gang spiegelte den musikalischen Ausdruck wider und trug sie wie schwebend davon. Zwischen den Schritten wandte sie sich immer mal wieder zurück und schenkte Frederik ein beherztes Winken mit hochgestreckten Händen.

Die erfolgreiche Zusammenarbeit wiederholten sie nun regelmäßig. Dabei fiel Teresa ein Mann auf, der jedes Mal zugegen war, aber nur aus relativ weiter Entfernung zuhörte. Seine Spenden waren stets großzügig.

Von ihrem Verdienst leisteten sich die Schülerin und der Obdachlose gelegentlich einen Kaffee, den Teresa in Pappbechern holte. Manchmal sprang sogar ein Stück Kuchen aus dem Supermarkt heraus. Dass Teresa für die kleine Mahlzeit etwas von ihrem Taschengeld beisteuerte, lehnte Frederik strikt ab. Manchmal tat sie es trotzdem.

Die beiden kamen sich näher, gewannen sich lieb, freuten sich über ihr regelmäßiges Zusammentreffen und nahmen sich beim täglichen Abschied herzlich in die Arme.

„Würdest du mir auch mal ein Privatkonzert geben? Nur für mich? Mit meinen Lieblingsstücken? Ich würde dich dafür auch bekochen!“ Frederik beantwortete diese überraschende Frage mit erklärungsbedürftigen Blicken.

„Meine Eltern sind in Urlaub, mein Bruder studiert zurzeit im Ausland, ich bin also allein zu Hause und würde mich über deinen Besuch freuen.“ Frederik bekam Herzklopfen. Einerseits ergriff ihn erregende Freude, andererseits spürte er zum ersten Mal in konkreter Weise, welche Barrieren sein Obdachlosendasein bildeten, wie sehr sein Lebensstil ihn hemmte, und dass er sich selbst im Wege stand. Natürlich wusste er längst, dass er nicht salonfähig war, aber schmerzlich konfrontiert wurde er mit diesem Dilemma bisher noch nicht. Für Teresas Eltern war er tabu, vor ihnen musste er versteckt bleiben! Dass eine Einladung zu Teresa die Abwesenheit der Eltern voraussetzte, war klar und tat ihm leid. Doch schämte er sich auch vor Teresa selbst, in seinem Aufzug in ihre Welt zu treten. Mit Teresa einen Abend zu verbringen war ein Traum. Nun klopfte dieser Traum an die Pforte zur Wirklichkeit, dort jedoch versperrte ein Türsteher den Einlass. Und dieser Türsteher war er selbst. Er, Frederik, selbst. Zweifelnd schaute der Obdachlose an sich herab. Teresa wusste um seine Gedanken oder ahnte sie zumindest. Deshalb drückte sie den hadernden Mann an sich und gab ihm einen Kuss auf die Wange. „Wir kriegen das schon hin“, sprach sie dann ruhig und sanft. Dass dieser Satz nicht nur Floskel war, sondern aus strategischen Überlegungen resultierte, verriet sie nicht. Sie hatte einen Plan, der Schritt für Schritt ihrer Freundschaft mit Frederik Chancen einräumen sollte, behielt ihn aber zunächst für sich, um die sensible Angelegenheit gewissenhaft zu steuern und nicht durch Voreile zu gefährden.

„Oh, wie schön!“, begrüßte die Gastgeberin ihren Besuch, der am nächsten Abend pünktlich um zwanzig Uhr in der Haustür stand und ihr ein kleines Blumentöpfchen entgegenstreckte. Dann streichelte sie seine Wangen zum Zeichen ihres Erkennens und Lobens der Rasur, denn sie freute sich sehr, Frederiks schönen Mund ohne das wirre Gestrüpp von Barthaaren jetzt noch wirkungsvoller wahrnehmen zu können. Seine Befangenheit wusste sie zu vertreiben, indem sie gleich zum Konzert bat. Mit der Flöte im Mund war er in seinem Element, fühlte sich sicher und konnte sich an die fremden Umstände gewöhnen. Teresa hatte ihre Lieblingsstücke auf einen schönen Bogen Papier gelistet und mit „Hauskonzert von Frederik für Teresa“ überschrieben. Damit gab sie dem Konzert einen stilvollen Rahmen, der dem verlegenen Künstler guttat.

Zusammen mit ihrer Familie hatte Teresa schon viele Konzerte gehört. Berühmte Künstler in festlichen Sälen, große Orchester und bedeutende Chöre unter namhaften Dirigenten waren ihr schon zu Ohren gekommen. Doch das schönste Musikerlebnis, das sie je genießen durfte, bescherte ihr nun Frederik, ihr Freund Frederik, er allein mit seiner Flöte.

Andächtig begann er mit dem Lied ihres Kennenlernens – „Gib dich zufrieden und sei stille“ –, jubelnd folgte „Jesus bleibet meine Freude“. Anschließend hatte sich Teresa zwei Lieder von den Beatles gewünscht, die er beschwingt und heiter vortrug. In tiefe Empfindungen tauchten die melancholischen Walzer von Franz Schubert. Vom Fehlen der Begleitstimmen lenkte der Interpret durch galante Verzierungen und hingebungsvollen Ausdruck ab. Das Ende des Programms bildete die Choralmelodie „Weg, mein Herz, mit den Gedanken“. Frederik verstand diesen Titel so, wie Teresa ihn auch gemeint hatte, nämlich als Aufforderung, das Zweifeln und Grübeln durch hoffnungsvolle Gesinnung zu ersetzen. Er nahm dieses Anliegen an, entwickelte Zuversicht, entfachte Optimismus, steigerte beides zur Euphorie, ließ sein Flöten zum Frohlocken gedeihen, verzierte und variierte die Melodie von Johann Sebastian Bach in gleichsam gewagter wie genialer Weise, schwelgte in musischer Lust, hangelte sich in hehre Höhen und segelte dahin. Als er nach langem Flug schließlich landete, glühten seine Wangen und die Lippen bebten. Es dauerte mehrere Sekunden, bis er wieder richtig geerdet war.

Und Teresa? Teresa staunte regungslos, erstarrte in sprachloser Hochachtung, bewunderte Frederiks Kunst und war zudem von der erotischen Ausstrahlung ihres Freundes ergriffen wie nie zuvor, spürte sie als sexuelle Erregung, fühlte sie als Zauber der Verlockung und Verführung. Nachdem sie sich etwas gesammelt hatte, ging sie mit zitternden Knien auf Frederik zu, umarmte ihn herzlich, legte ihren Kopf auf seine Schultern und spielte zärtlich mit ihrer Nase an seinem Hals.

„Bis zum Essen dauert es noch dreißig bis vierzig Minuten. Möchtest du derweil baden oder duschen?“ Mehrere Male hatte Teresa diese zwei Sätze geprobt, damit sie in einem Tonfall erklangen, der Frederik nicht als verletzende Anspielung auf seine Schmutzigkeit erreichte, aber dennoch unumgängliche Bestimmtheit vermittelte. Anscheinend war es ihr gelungen, denn die Antwort lautete: „Baden wäre super!“ Auch stimmte Frederik dem Vorschlag zu, für ein paar Stunden in Klamotten von Teresas abwesendem Bruder zu schlüpfen und seine Bekleidung derweil Waschmaschine und Trockner zu überlassen.

Teresa war sexuell stimuliert und wähnte Frederik in ähnlicher Lage. Am liebsten wäre sie zu ihm in die Badewanne gestiegen. Doch ihr ferneres Anliegen, ihre zukunftsorientierte Absicht, mahnte zur Bedächtigkeit und verlangte wohl überlegtes Vorgehen. Sie wollte tiefe Wurzeln legen, die ihrer Zuneigung einen festen Stamm, Verästelung in weite Bereiche und eine große Anzahl prächtiger Blüten ermöglichten. Und auch Frederik sollte seine Liebe – seine Liebe zu ihr – als hohes Ziel erkennen, das erkämpft werden musste, Opfer mit sich brachte, Umdenken erforderte und nicht einfach mal ebenso wie eine glückbringende Sternschnuppe vom Himmel fiel und ins Badewasser tauchte. Dennoch entschloss sich die Gastgeberin zu einem kleinen Schäkern: Sie legte ihrem Besuch kein Handtuch zum Abtrocknen bereit, sondern ließ ihn rufend darum bitten und garnierte die Übergabe mit neckenden Spielereien.

Als Frederik aus dem Bad kam, war er wie verwandelt. Frisch gewaschen und gekleidet, sah er nicht nur blendend aus, sondern fühlte sich auch wohl und erweckte den Anschein, sich selbst zu gefallen. Hocherfreut und lobend stellte er fest, dass Teresa eine Gemüse-Quiche, sein Lieblingsgericht, zubereitet hatte. Er glaubte, dass dies einem glücklichen Zufall entsprungen war und gab Teresas schelmischem Lächeln keine Bedeutung. Gekonnt entkorkte er den Wein, wählte die richtigen Gläser, zeigte sich auch beim Ausschenken versiert und legte überhaupt sehr gepflegte Manieren an den Tag. Er hatte sich eingewöhnt, das Fremdeln überwunden, ja, er schien sich geradezu heimisch zu fühlen und präsentierte sich als ausgesprochen angenehmer Gast.

Beim Essen erzählte Teresa von ihren Zukunftsplänen: Nach dem Abitur wollte sie ein soziales Jahr leisten und danach Medizin studieren. Allerdings bangte sie um das Erreichen des erforderlichen Numerus clausus, so dass schulische Anstrengungen nötig waren. Bewusst betonte sie, wie erfüllend es wäre, ein Ziel zu haben, strebsam darauf hinzuarbeiten und zuversichtlich der Verwirklichung entgegenzusehen. Auch ihr Vorhaben, bei passender Partnerschaft zu gegebener Zeit eine Familie zu gründen, teilte sie Frederik mit. Damit jagte sie ihm – und zwar mit voller Absicht – einen Stachel ins Gemüt. Er nämlich konnte mit seinem Lebensstil weder Vorfreude auf das Erreichen eines Zieles teilen noch auf eine dauerhafte Beziehung mit familiären Perspektiven hoffen. Der passende Partner, von dem Teresa sprach, war er nicht. Außerdem hatte er seine Freundin viel zu gerne, um sie intensiver mit seinem kümmerlichen Dasein zu belasten. Er war also mit dem Scheitern seiner Liebe konfrontiert, noch ehe sie sich entfalten durfte. Genau diese Gedanken wollte ihm Teresa mit ihrem Schwärmen von der Zukunft vor Augen führen. Genau diese Gedanken waren Teil ihrer Strategie. Gleichzeitig aber stellte sie ihm ihre Sympathie, Freundschaft und Zuneigung in Aussicht, ließ ihn sozusagen ein wenig daran nippen, indem sie nach dem Essen eine Bitte hervorbrachte: „Lieber Frederik, du hast so wunderschöne Hände. Sie sind so fein gegliedert und sanft geschwungen. Ihre Bewegungen bei deinem Flötenspiel gefallen mir ebenso gut wie die schönen Töne, denen sie den Weg weisen. Darf ich sie für ein Weilchen halten?“ Ohne eine Antwort abzuwarten, stand Teresa vom Tisch auf, fasste nach ihrem Begehr und führte Frederik zur Couch. Nachdem sie nebeneinander Platz genommen hatten, legte sie eine seiner Hände in ihren Schoß, berührte, fühlte, streifte, streichelte, liebkoste deren Innen- und Außenseite und jeden einzelnen Finger. Wieder erhob sich die Frage: „Möchte ich seine Flöte sein?“ Antwort gab ihr Körper! Denn es sammelte sich sehnsüchtige Nässe in der heißen

Scheide und die Brust spannte sich zur Dralle der Erregung. Teresas Wunsch, nicht nur Fre-deriks Hand zu fassen, sondern auch seinen Mund, seinen sinnlichen Mund zu schmecken, flammte zum Verlangen auf und glühte in ihrem Kopf. Doch sie disziplinierte sich, appellierte an ihre Geduld, wies ihre Triebe zurück, um das Ziel der Beständigkeit nicht zu gefährden. Ja, sie liebte Frederik. Und deshalb wollte sie ihn von der Straße holen. Ihm zuliebe! Ihr zuliebe! Ihnen zuliebe! Und dafür brauchte es Zeit!

Frederik genoss Teresas zärtliche Zuwendung und frohlockte, als die Geliebte ihren Kopf auf seiner Schulter und seine Hand auf ihrem Bauch ruhen ließ. Gleichzeitig aber litt er unter der Verbindung von Nähe und Distanz. Nur Zentimeter von ihrem Busen entfernt zu sein und doch Unerreichbarkeit zu ahnen, nur knapp unter den weiblichen Wölbungen zu weilen, deren Betasten aber nicht zu wagen, formte seine Liebe zur Pein, die im Magen rumorte und bohrte. Das atmende Heben und Senken von Teresas Brust weckte Frederiks geschlechtliches Begehren, das er aber abwehren musste, weil er sich für ausgeprägte Intimitäten mit seiner verehrten Freundin unwürdig fühlte.

„Besuchst du mich morgen wieder?“ Mit dieser Formulierung signalisierte Teresa gleichsam Trennung und Wiedersehen, hielt also das Pendeln zwischen Hoffen und Bangen aufrecht, schürte die Schmerzen, die der zerreißenden Verknüpfung von Enge und Ferne entsprangen, und nährte die Verzweiflung, die Frederiks Leben zu einem Richtungswechsel bewegen sollte. „Würdest du dich wieder über ein Konzert freuen?“, antwortete Frederik per Gegenfrage.

„Allerdings! Ich habe diesbezüglich sogar genaue Vorstellungen.“

„Ja bitte, welche?“ Frederik war neugierig. „Klaviermusik!“, bestimmte Teresa.

„Klavier?“ Frederik erstarrte vor Schreck. „Ja, Klavier!“, unterstrich Teresa.

„Klavier?! Kann ich nicht!“

„Doch! Du kannst!“

„Wieso denn jetzt Klavier?“

„Ich mag Klaviermusik und bin gespannt, wie du spielst.“

„Ja, aber …“

„Kein Aber!“

„Wenn ich dir jedoch …“

„Und auch kein Jedoch!“

„Nun, ich gebe zu bedenken …“, nahm Frederik einen weiteren Anlauf, Teresas Geheiß zu entfliehen, den die entschlossene Frau aber wiederum nicht duldete:

„Du kannst dir die Suche nach Ausflüchten sparen. Es bleibt dabei: Klavier!“

„Schon ewig habe ich nicht mehr Klavier gespielt.“

„Dann wird es Zeit!“

„Oje, oje!“

„Nichts Oje! Du darfst dich einspielen und üben, dann erst lege ich dir meine Programmwünsche und die entsprechenden Noten vor. Die Musikregale meiner Eltern geben einiges her. Und ich verspreche dir, keine schweren Stücke auszuwählen.“

„Meinst du wirklich?“

„Ja, ich meine wirklich!“

„Und woher weißt du überhaupt von meinem Klavierspiel?“, gab sich Frederik geschlagen. „Weil ich ein schlaues Mädchen bin“, scherzte Teresa und legte ihm gleichzeitig einen Finger auf den Mund, bedeutete ihm also, dass er gar nicht weiterzufragen brauchte, denn heute würde sie ohnehin nichts mehr verraten.

Dass Teresa mehr von Frederiks Leben wusste, als er ahnen konnte, wurde ihm am nächsten Tag bestätigt. Mit Lachs-Lasagne hatte sie nämlich wieder eine seiner Lieblingsspeisen ausgewählt, das konnte kein Zufall sein. Der Belang ihres verschmitzten Lächelns bezüglich seiner Vorfreude auf diese Mahlzeit entging ihm diesmal nicht. Auch die Zusammenstellung des Konzertprogramms war ohne weitreichende Einblicke und Kenntnisse nicht möglich, da es lauter Stücke enthielt, die deutlich mit Frederiks Werdegang verbunden waren: zwei Inventionen von Johann Sebastian Bach, vier Stücke aus dem „Album für die Jugend“ von Robert Schumann, ebenso viele aus Béla Bartóks Sammlung „Für Kinder“ und schließlich die Wiegenlieder von Erik Satie, also nur Stücke von musikpädagogischer Bedeutung.

Beim Üben und Einspielen war Frederiks Sträuben gegen das Klavier noch deutlich spürbar. Es schien ihm fremd zu sein und als Hindernis zwischen ihm und der Musik zu stehen. Die Töne reihten sich kalt und mechanisch aneinander oder stolperten unbeholfen durch die Gegend. Mit der Zeit jedoch wurde Frederik warm, gewann Vertrauen zu dem Instrument, gewann Vertrauen zu sich selbst und gelangte schließlich zu der Lockerheit, die der Sicherheit entsprang. Wie schon am Vortag fand er ein kleines Stückchen Heimat wieder.

Während des Konzertes floss dann die Musik in der beseelten Manier, die auch sein Flöten auszeichnete. Teresa atmete auf, denn sie wusste, dass Frederik gerade eine wichtige Hürde zurück zu sich selbst und damit vorwärts zu ihr übersprang, dass er Mut gefasst hatte, einen Widerstand zu bekämpfen, einen gewissen Trotz aufzuweichen und falschen Stolz in richtigen zu verwandeln. Grazil und galant glitten Frederiks Finger über die Tasten. Zierlich und zart zauberten die holden Hände milde Melancholie. Schwebend und schwelgend trieben die Töne zu rauschenden Romanzen, avancierten arpeggierte Akkorde zu aparten Arabesken, strebten und strömten traumhafte Takte zu einer Sinfonie der Sinne.

Bei den sehnsüchtigen Melodien der Stücke von Schumann, die Teresa gezielt ausgesucht hatte, schaute Frederik zu ihr herüber und sah sie in Tränen versunken. Tränen, die ihn bestärkten, auch seinen Emotionen freien Lauf zu gewähren, Tränen, die ihn anregten, ja sogar anspornten, sich weiter und weiter zu öffnen, um eine Liebeserklärung, seine Liebeserklärung an Teresa, für Teresa dem Klavier zu entlocken.

Das Konzert war zu Ende. Stille, andächtige Stille erfüllte den Raum. Weder sie noch er wagten eine Regung, sondern blieben besinnlich sitzen, um die beseelte Ruhe zu verinnerlichen. Doch dann wandelten sie aufeinander zu, schauten sich dabei liebevoll an und nahmen das Funkeln der Vorfreude auf ihren Gesichtern wahr. Nun umfassten sie sich und legten Wange auf Wange. Deren zartes gegenseitiges Reiben zog zunehmend größere Kreise, schloss bald die Münder mit ein, bis diese aufeinanderlagen. Noch waren die Lippen verschlossen, aber tiefe Gefühle voll inniger Herzlichkeit, verbunden mit sexueller Lust, erhitzten längst ihre Gemüter und Glieder und baten um orale Öffnung. Behutsam züngelte Teresa an Frederiks Lippen. Bedächtig erwiderte Frederik diese sanfte Berührung, um sie erneut zu empfangen und abermals zu schenken, bis das stetige Hin und Her des Gebens und Nehmens zur gänzlichen Verschmelzung der Münder führte und die Zungen sich nun selbst zum linden Liebkosen trafen. Bei pressender Umarmung spürte der erregte Mann die pralle Weiblichkeit der begierigen Frau, während diese das Anschmiegen der harten Männlichkeit genoss. Die Zungen indes konnten nicht mehr voneinander lassen, suchten immer neue Reize, streichelten sich von allen Seiten, neckten sich im spielenden Schupsen und Stupsen, leckten sich im breiten und weiten Wälzen und Winden, wiederholten diese Gelüste und erfanden sie stets neu. Teresa und Frederik waren glücklich in diesen Minuten, sehr glücklich, aber lange noch nicht am Ziel.

„Er küsst, wie er musiziert“, dachte Teresa beim Abendessen, „so verträumt, so hingebend, so sachte, sanft und selig. Er schwebt dahin und vergisst sich. Nie mehr möchte ich das missen, weder sein Musizieren noch seine Zärtlichkeit. Ganz im Gegenteil. Ich will mehr! Ja, ich möchte seine Flöte sein! Doch sein verträumtes Selbstvergessen und die auflösende Verlorenheit muss sich auf Musik und Erotik beschränken und darf nicht zum allumfassenden Abdriften führen.“

„Sie lenkt mich auch beim Küssen“, dachte Frederik beim genüsslichen Nippen an seinem Weinglas, „so leise weisend, so weiblich leitend. Lind leckt sie meine Lippen, zart bezirzt sie meine Zunge. Wiegend und schmiegend, prickelnd und kribbelnd nimmt sie naschend meinen Mund. Doch gleichsam bestürmt und beschwört sie ihn kraftvoll und saftvoll, stark und stabil. Nie mehr möchte ich das missen. Ganz im Gegenteil. Ich will mehr! Ihr Führen tut mir gut!“

„Du, Teresa!“, unterbrach Frederik seine Gedanken, „gerne würde ich ja nun doch mal wissen, wie es kommt, dass du meine Leibgerichte kennst und von meinem Klavierspiel weißt. Und auch die Auswahl der Stücke für unser Konzert konnte ja kein Zufall sein. Willst du mir heute erzählen, woher du deine exakten Informationen hast?“

„Ja, will ich“, stimmte Teresa zu und nickte gewichtig mit dem Kopf. „Ich will und muss, weil unsere Liebe eine Chance erhalten soll.“ Teresa holte tief Luft, denn sie musste sich sammeln. Frederik pendelte wieder zwischen Hoffen und Bangen: „Eine Chance bildet Perspektive und versprüht Zuversicht“, sinnierte er, „doch Teresas Stimme, bedeutungsschwangere Stimme, lässt hohe Hürden vermuten.“ Bald sah er seine Ahnung bestätigt.

„Als ich dir bei deinen Straßenkonzerten zuhörte und die Passanten um ein paar Münzen bat, bemerkte ich einen Mann, der immer zugegen war, jedes Mal auffallend viel Geld in die Blechbüchse warf und zudem mein Sammeln mit wohlwollenden Blicken guthieß. Allerdings war er sorgfältig darauf bedacht, zu dir, Frederik, großen Abstand zu bewahren beziehungsweise vor dir versteckt zu bleiben. Eines Tages gab er mir nicht nur Geld für dich, sondern auch einen Briefumschlag für mich. ‚Bitte, lesen Sie das!‘, sagte er in flehendem Tonfall.“ Um auf die Erheblichkeit der folgenden Aussage vorzubereiten, legte Teresa eine Kunstpause ein. Dann fuhr sie zögernd fort: „Frederik! – Dieser Mann ist dein Vater!“

Frederik musste sich enorm zusammenreißen und alle Kraft auf seine Selbstbeherrschung verwenden, um nicht auszuflippen. Andernfalls hätte er wütend gebrüllt, schrill geschrieen und zornig gezetert. So aber schaffte er es, sich einigermaßen zu bremsen. Dennoch stand er vom Tisch auf, wankte zur Couch, sank darauf nieder, vergrub das Gesicht in seinen Händen und weinte. Teresa setzte sich zu ihm, streichelte tröstend über seine Schultern und wiederholte mehrfach: „Ich verstehe dich, Frederik, ich verstehe dich!“

Es dauerte lange, bis der Tränenstrom versiegte und ganz allmählich einem Schluchzen wich, in das hinein Frederik seine Klage stammelte: „Lässt der mich denn nie in Ruhe? Kann ich ihm denn nie entfliehen?“ Und dann – nach vielen weiteren Schluchzern – traten Falten als Zeichen panischer Angst auf Frederiks Stirn und bereiteten die Frage vor, die er nun wissbegierig stellte: „Teresa, hat dich mein Vater genötigt, irgendwie genötigt, dass du mich dazu bewegst, wieder Klavier zu spielen?“ Frederiks auf Antwort erpichte Blicke bohrten sich in Teresas Gesicht. „Nein, nein – keineswegs!“, konnte sie ihn beschwichtigen. „Es ist alles ganz anders! Dein Vater zeigt sich einsichtig. Er reicht dir die Hand zur Versöhnung!“

„Er reicht mir die Hand“, wiederholte Frederik gleichsam süffisant und verärgert. „Er tyrannisiert und schikaniert mich, diffamiert und diskriminiert mich, verletzt und verhöhnt meine Mutter und, und, und ... Und jetzt entschuldigt er sich halt mal und alles soll wieder gut sein! Teresa! Wenn du wüsstest ...“

„Ich wüsste nicht, ich weiß!“, unterbrach Teresa. „Ich weiß alles. Denn in dem Briefumschlag deines Vaters fand ich eine Beichte, seine Beichte.“

„Eine Beichte?“, wiederholte Frederik fragend. „Eine Beichte?“ Und in seiner Stimme schwang der erste klitzekleine Anklang von Besänftigung mit. „Ja, genau!“, bekräftigte Teresa überzeugend, „eine ausführliche, schonungslose Beichte.“

Nach langem Schweigen ergriff Teresa erneut das Wort: „Frederik, du hast natürlich Recht. Ich weiß ja nun, was du erlebt hast, und bestätige dich: Mit einer Entschuldigung ist das nicht abgetan. Außerdem verstehe ich, dass du deinen Stolz bewahren und konsequent sein möchtest, dass du deinen Schwur, nie wieder etwas mit deinem Vater zu tun haben zu wollen, einzuhalten gedenkst, wozu auch der Verzicht auf das Klavier gehört. Mit deinem heutigen Spielen jedoch, deinem Klavierspielen, hast du mich sehr glücklich gemacht. Denn erstens war es wunderschön, zum Verlieben wunderschön, und zweitens hat mir deine Musik gezeigt, dass dein Stolz nicht zur Sturheit degradiert. Schwer ist es dir gefallen, dich durchzuringen. Man konnte es hören und sehen. Doch du hast es geschafft, nicht nur Barrieren zu überwinden, sondern dich auch selbst wiederzufinden. Letztendlich perlten die Töne in schönsten Girlanden. Du bist ein Stückchen heimgekehrt, nicht wahr? Dir wurde bewusst, dass du der Klaviermusik keineswegs abgeneigt bist, sondern sie lediglich zur Demonstration deiner Abneigung benutzt."

„Und dass jeder Ton auch eine Silbe war", schob Frederik ein, „eine Silbe meiner Liebeserklärung an dich, konnte man das auch hören und sehen?"

„Hören? Ja!", lächelte Teresa. „Sehen? Nein! Denn ich hatte ja Tränen in den Augen, weil ich so gerührt war." Die fürsorgliche junge Frau holte ihrem Freund ein Glas Wasser und ein Taschentuch, wartete, bis er sich noch etwas gesammelt hatte, und wünschte dann: „Küss mich, mein Schatz! Küss mich!" Gerne kam der Schatz der Bitte nach. Sanft saugte er ihre Lippen ein, gab seine zu gleichem Gelüst, forschte dann nach ihrer Zunge und genoss das süße Spiel des sinnlichen Leckens.

Leise weisend konnte Teresa Frederik überzeugen, seinen Hass nicht zu pflegen. Weiblich leitend konnte sie ihn bekehren, sich der Entschuldigung seines Vaters wenigstens zu öffnen. Mehr und mehr sah Frederik ein, dass er bei Abweisung der Beichte mit sich selbst unzufrieden gewesen wäre und durch das Verschanzen hinter seinem Groll sinnlos verhärmen würde. Zudem ahnte und hoffte er, eine neue Lebensperspektive einzuleiten, mit seinem Entgegenkommen sozusagen den Ausstieg aus dem Ausstieg vorzubereiten, um schließlich ins normale Leben zurückzukehren, zumal dies ja auch der einzige Weg zu seiner geliebten Teresa war. Sie nämlich hatte ihm signalisiert, dass sie trotz aller Liebe nicht die Kraft hatte, durch die Vermählung mit der Aussichtslosigkeit gegen den gesellschaftlichen und auch familiären Strom zu schwimmen. Das wäre auch nicht in Frederiks Sinne gewesen, genau dies wollte er seiner Teresa auch nicht antun. Stattdessen sah er sich aufgefordert, seine Liebe zu beweisen, indem er einen Umschwung seines Lebens wenigstens erwog. So stand also am folgenden Tag kein Konzert auf dem Programm, sondern die Beichte von Frederiks Vater, die Teresa vorlas:

Ich, Frederiks Vater, bin Frederiks Übel! In mir liegt sein Leid begründet. Besser noch gesagt: Sein Kummer wurzelt in meinem Kummer, wie ich im Folgenden erkläre: Ich war ein sehr begabter Musiker, zudem fleißig und diszipliniert, konnte hervorragend Klavier spielen, gewann als Kind und Jugendlicher viele Preise und meisterte zahlreiche Konzerte mit beachtlichem Erfolg. Mir schwebte eine große Karriere vor und ich versteifte mich auf diese Aussicht. Doch genau dazu, zu der ganz großen Künstlerlaufbahn, reichte es dann doch nicht. Mir fehlte eine Kleinigkeit im musikalischen Ausdruck. Also musste ich an meinen Ansprüchen scheitern. Diese Enttäuschung habe ich nie überwunden. Um Geld zu verdienen, beschloss ich, meine Musikkenntnisse pädagogisch einzusetzen. Das war ein Fehler. Ich konnte mich nie mit diesem Beruf identifizieren und blieb ein schlechter Lehrer …

Teresa hob den Kopf, schaute Frederik an und stellte zufrieden fest, dass ihn die Ehrlichkeit und Offenheit seines Vaters bewegten.

… Mit Frederiks Geburt setzte ich alles daran, dass mein Sohn das Scheitern seines Vaters kompensiert. Die Taufe auf den Namen Frederik geschah in Anlehnung an den großen Pianisten und Komponisten Frédéric Chopin und sollte meinem Sohn Programm sein. Namenswünsche meiner Frau habe ich ebenso unterdrückt wie meine Frau selbst. Wenn sie nicht gemeinsam mit mir an einem Strang zog, dann wurde ich zum Diktator …

Frederik hörte gebannt zu, nickte zustimmend und schnaufte tief durch.

… Mit vier Jahren erhielt das begabte Kind den ersten Klavierunterricht. Ich erkannte schnell, dass sein Talent meines noch übertraf. Er hatte genau dieses gewisse Etwas, das mir fehlte …

Bei dem Hinweis auf das „gewisse Etwas“ schenkte die Vorleserin ihrem Zuhörer ein verliebtes Lächeln, unterbrach sich aber nicht.

… Die extreme Begabung stachelte mich an, immer mehr zu fordern. Übte er drei Stunden am Tag, wollte ich vier. Waren es vier, verlangte ich fünf. Schulferien boten die Gelegenheit, auf acht bis zehn Übungsstunden zu bestehen. Urlaubsreisen kamen nicht einmal in Betracht. Spielsachen nahm ich ihm weg. Kinderbücher auch.

Mahnte meine Frau, nicht zu übertreiben, herrschte ich sie an, beschimpfte sie als ahnungsloses Weichei und verletzte sie auch durch Schimpfwörter anderer Art. Wenn Frederik seine Mutter dann trösten wollte, riss ich die beiden auseinander. Ich war so unglaublich dumm, so unfassbar töricht und vor allem so unbegreiflich blind in meiner krampfhaften und umunstößlichen Besessenheit.

Frederiks Mutter ist eine fantastische Köchin – sie verstand es zudem, eine Mahlzeit zum stilvollen Fest zu gestalten. Unser Sohn erfreute sich vor allem an ihrer Gemüse-Quiche und Lachs-Lasagne, hatte sowohl an den Gaumengenüssen als auch dem schönen Ambiente sein Vergnügen …

Die zwei Verliebten schauten sich bei dieser aufklärenden Passage einvernehmlich an.

… Doch ich Idiot sah auch darin eine Ablenkung von der Musik, erkannte nicht einmal, dass gute Manieren eine Karriere begünstigen, sondern nörgelte an allem nur herum. Mein cholerischer Fanatismus verdarb jegliche Familienatmosphäre.

Dass meine Frau mich erst verließ, als Frederik etwa dreizehn, vierzehn Jahre alt war, wundert mich im Nachhinein. Wie konnte sie mich so lange ertragen? Natürlich wollte sie Frederik mit sich nehmen und von mir befreien, doch ich nötigte sie mit allerlei Drohungen, davon abzusehen. Zudem war mir mein Sohn in diesem Alter noch hörig und unterlag meinen Manipulationen, so dass er auch von sich aus – scheinbar von sich aus – einen Umzug mit der Mutter ablehnte …

An dieser Stelle legte Teresa die Blätter zur Seite. Obwohl sie den Text schon wiederholt gelesen hatte, brauchte sie eine Unterbrechung, um ihn zu fassen. Außerdem wollte sie sich nach Frederiks Mutter erkundigen. „Meine Mutter wohnt weit weg“, erklärte Frederik, „aber unser Verhältnis ist in Ordnung. Ich habe mir ein Postfach eingerichtet, damit wir uns Briefe schreiben können. Als ich meinen Vater verlassen hatte, bot sie mir an, bei ihr zu wohnen. Doch ich wusste, dass sie sehr beengt lebte, zumal ihre neue Partnerschaft von Nachwuchs gekrönt worden war. Deshalb habe ich von ihrem Vorschlag Abstand genommen. Außerdem wäre ich bei ihr vor meinem Vater nicht sicher gewesen, dort hätte er mich bestimmt ausfindig gemacht. Wer weiß, was dann passiert wäre. Davor wollte ich uns alle bewahren. Schließlich kommt noch eins hinzu, wie ich gestehen muss: Es war meine Absicht, meinen Vater so hart wie möglich zu bestrafen. Auch dafür fand ich das Leben auf der Straße angebrachter. Wie gesagt, mit meiner Mutter bin ich im Reinen, eines Tages werde ich sie wiedersehen, darauf freue ich mich.“

„… *fand* ich das Leben auf der Straße angebrachter“, wiederholte Teresa gedanklich, „das war Vergangenheitsform!“ Sie konnte zwar nicht abschätzen, ob sich Frederik dessen bewusst war, dennoch keimte durch diese Formulierung Hoffnung auf einen Sinneswandel und das damit verbundene Ende seiner Obdachlosigkeit in ihr auf. Sie gab ihm einen Kuss, nur kurz, aber innig. Dann sagte sie: „Gut, dass du die Straße als Bleibe gewählt hast, denn dort sind wir uns begegnet. Aber jetzt – jetzt kennen wir uns ja schon!“ Die Schlussfolgerung aus dieser Bemerkung überließ sie Frederik.

… Die ersten Risse in der Vater-Sohn-Beziehung wurden mit der Trennung der Eltern deutlich. Bis dahin hatte Frederik sein Leben hingenommen, wie es war, und meine Tyrannei kaum reflektiert. Er kannte es nicht anders und kam daher gar nicht

auf die Idee zu hinterfragen. Außerdem verdrängte die Musik alles andere. Er liebte sie nämlich wirklich und berauschte sich an seinem pianistischen Können. Sein Spiel war brillant, glänzend, großartig, hervorragend. Er bestach durch Virtuosität und Versiertheit sowie durch höchste Sensibilität in Dynamik und Agogik. Allein Art und Weise, wie er Verzierungen in die Melodien zauberte, waren und sind ein exquisites Erlebnis …

„Hier möchte ich ihm unbedingt Recht geben", schob die Vorleserin zustimmend ein.

… Und über alledem schwebte – und schwebt noch immer – dieses unfassbare gewisse Etwas …

„Erotik! Es ist Erotik!", dachte Teresa und freute sich über ihre Erkenntnis.

… Ein Erfolg reihte sich an den anderen: Höchstnoten bei Wettbewerben und standing ovations bei Konzerten, vor allem wenn er Chopin spielte, seinem Idol huldigte und damit meine Namensgebung rechtfertigte. Er liebte Chopin! Nein, ich bin mir sicher, er liebt ihn noch immer und findet sich selbst in dessen Musik wieder. Ich habe Frederik zwar entsetzlich gedrillt – und das ist schlimm genug und soll hier nicht beschönigt werden –, aber ich habe ihm nichts übergestülpt, das ihm fremd oder gar verhasst gewesen wäre. Seine Liebe zur Musik war echt. Ist sie nach wie vor. Das beweist auch sein Flöten auf der Straße.

Zurück zu seiner Mutter. Die Trennung weckte Frederiks Gespür für Achtung, Toleranz und Respekt, so dass Skepsis – mehr als berechtigte Skepsis – die Beziehung zu mir, seinem Vater, immer stärker prägte. Meinungsverschiedenheiten, Einsprüche, Widerreden und Auflehnung führten von nun an zu regelmäßigen Konflikten.

Der nächste tiefe Einschnitt folgte, als mein Sohn etwa fünfzehn Jahre alt war. Ein Nachbarjunge suchte Klavierunterricht und konnte Frederik für dieses Anliegen gewinnen. Ich selbst wähnte natürlich wieder Ablenkung, sah aber gleichzeitig die Möglichkeit, durch das Lehren nochmals über Grundtechniken des Klavierspiels nachzudenken und sie dadurch zu vertiefen. Also stimmte ich zu. Die Entwicklung, die nun einsetzte, brachte mich zur Raserei. Frederik fand nämlich an der Lehrtätigkeit immer mehr Gefallen. Er interessierte sich zunehmend für methodische und didaktische Überlegungen, las entsprechende Bücher, verglich Klavierschulen miteinander und schenkte seine Aufmerksamkeit den pädagogischen Werken von Bach, Schumann, Bartók und Satie, spielte diese Stücke, die ihn technisch total unterforderten, stundenlang, statt seine Finger an schweren Etüden zu trainieren. Ich muss gestehen – besser gesagt: will ich heute gestehen –, dass ich selten etwas Schöneres gehört habe als zum Beispiel Schumanns Stücke aus dem „Album für die Jugend“, vorgetragen von meinem Sohn Frederik. Vorgetragen ist allerdings der falsche Ausdruck. Ich habe nämlich nur heimlich zugehört, damit Frederik meine Verzückung nicht mitkriegte und als Bestätigung seines Tuns hätte interpretieren können. Denn trotz meines Vergnügens an seinem gefühlvollen Spiel war Musik für mich nicht mehr Musik, sondern nur noch Karriere. Und das hieß: Etüden, Etüden, Etüden und nicht romantisches Schwelgen.

Frederik bekam weitere Schüler; ich drehte durch. Der von mir gehasste und nur als Notnagel akzeptierte Lehrerberuf wurde für meinen Sohn zum Hauptthema, ja sogar zur Passion.

Dann kaufte er sich eine Blockflöte! Er hielt dieses Instrument für den Einstieg in die Musik besonders geeignet und wollte es von daher erforschen. Es ging also zu meinem Leidwesen wieder um pädagogische Betrachtungen. Frederik brillierte auch auf der Flöte nach wenigen Wochen und stellte sein überragendes Talent unter Beweis. Gehasst habe ich dieses Holzstück trotzdem, denn es stand in Konkurrenz zu Chopin, Liszt, Rachmaninow und anderen. Zwischen mir und meinem Sohn gab es immer häufiger Auseinandersetzungen, Wortgefechte und Streitereien. Immer schlimmer, immer heftiger, immer verletzender und zum Schluss nur noch gemein, böse und garstig. Rhetorisch war ich ihm noch überlegen, doch Frederik verfügte über die Waffe mit dem größten Verwundungspotenzial: die Blockflöte! Er spielte Blockflöte! Er strafte mich mit seiner Blockflöte! – Jeder Ton ein Treffer, jeder Ton ein Stich! Eines Tages rastete ich total aus. Schäumend vor Wut riss ich ihm das Ding aus dem Mund und schlug es auf die Tischkante, bis es zerbrach …

Pause … Teresa und Frederik brauchten eine Pause, nahmen sich eine Pause. In Frederiks Gesicht spiegelten sich sehr ambivalente Gefühle. Einerseits war es hart, mit der schmerzlichen Vergangenheit konfrontiert zu werden und das Zerbrechen der Familie nachzuerleben. Andererseits verblüffte ihn die radikale Selbstkritik seines Vaters. Die tiefe Läuterung und weitreichende Bekehrung könnten zur Basis für einen entspannten Umgang miteinander werden. Weiterhin tat es Frederik gut, an seine pianistischen Glanzzeiten erinnert zu werden, dabei den Reiz zu verspüren, doch noch mal an diese anzuknüpfen und die Musik zum Beruf zu machen, egal ob mit künstlerischen oder pädagogischen Ambitionen.

… Frederik stand steif und starr. Ich dagegen zitterte am ganzen Leib. Das Entsetzen über meine Tat rauschte wie ein

Tornado über mich hinweg. Mit dem Bruch der Flöte zerbarst auch das Brett vor meinem Kopf. Schlagartig erkannte ich mein Missachten, Missbrauchen und Misshandeln. Doch nun war es zu spät.

Konsterniert vernahm ich die letzten Worte, die Frederik beschwörend an mich richtete: „Mit dir will ich nichts mehr zu tun haben! Lieber lebe ich auf der Straße als mit dir unter einem Dach. Du bist für mich gestorben und die Klaviermusik auch!"

Von einer Schilderung meiner Qualen anlässlich der Resultate meines Versagens und Verbrechens sehe ich hier ab, denn es soll nun wirklich nicht mehr um mich gehen. Stattdessen komme ich zum Schluss: Als ich meinen Sohn nach langer Zeit auf der Straße musizieren fand, freute ich mich über das Wiedersehen. Dass er wieder eine Flöte besaß, beruhigte mich zudem. Seine Musik lebte also noch. Fast täglich komme ich nun, sie zu hören. Sein Wunsch jedoch, nie wieder etwas mit mir zu tun haben zu wollen, ist mir Gebot. Deshalb bleibe ich versteckt.

Hiermit schließe ich meine Beichte, die ich auch als Entschuldigung verstanden wissen möchte, wenngleich ich weiß, dass ich für meine Fehler kein Verzeihen erwarten darf …

Teresa setzte kurz ab und bereitete Frederik darauf vor, dass er nun von seinem Vater persönlich angesprochen würde.

… Lieber Frederik! Dass ich mein Verborgenbleiben mit diesem Schreiben lockere, hat folgenden Grund: Durch mein häufiges Zuhören bei deinen Straßenkonzerten wurde ich Zeuge deiner zarten Freundschaft mit der liebenswerten jungen Dame, die ich um die Übermittlung dieses Briefes bat. Es war herzerwärmend, mit anzusehen, wie ihr euch begegnet seid und näherkamt. Es war aber auch herzzerreißend, die Sackgasse zu

realisieren, in die eine Liebe mündet, die sich entfaltet zwischen einem Obdachlosen, der ohne Perspektiven lebt, und einem freundlichen Mädchen, das offensichtlich gut behütet aufwächst und voller Zuversicht in die Zukunft schaut. Das Erkennen dieser weiteren Dimension des von mir verursachten Schadens hat mich nun doch veranlasst, eine Balance zwischen Bedrängen und Anerbieten zu wagen.

Lieber Frederik! Bitte denke über folgenden Vorschlag nach: Du ziehst wieder in unsere Wohnung, in dein Zimmer, gönnst dir ein Dach über dem Kopf, Bett und Kleiderschrank, Bad und Toilette, Kühlschrank und Herd. Erwäge eine Ausbildung oder ein Studium. Mit mir die Wohnung zu teilen muss nicht bedeuten, dass wir auch sonst miteinander zu tun haben. In dieser Hinsicht halte ich mich gänzlich zurück. Meine Belästigungen brauchst du nie mehr fürchten. Die Hauptsache ist, dass du wieder in das Gesellschaftsleben findest. Dies allein ist mein Anliegen. Gib damit auch deiner Liebe eine Chance, gib damit deiner Freundin eine Chance. Sie hat es verdient, denn sie ist freundlich und nett, hilfsbereit und fürsorglich. Und zu alldem bezaubert sie durch sinnlichen Charme und anmutige Schönheit …

Die letzten Worte las Teresa eilig herunter, weil ihr die Komplimente peinlich waren. Doch Frederik unterbrach: „Langsam, langsam! Noch mal bitte, aber langsam!“ Also setzte die Gelobte, verlegen lächelnd, noch einmal neu an.

… Sie ist freundlich und nett, hilfsbereit und fürsorglich. Und zu alldem bezaubert sie durch sinnlichen Charme und anmutige Schönheit. Dass ihr euch liebt, ist unverkennbar. Man hört es an der Art deines Flötenspiels in ihrer Gegenwart und man

sieht es in ihrem Gesicht, wenn sie andächtig deinen Melodien lauscht.

Ich bedanke mich für das Lesen meiner Zeilen und grüße dich und deine Freundin in guter Gesinnung,
Dein Vater

Teresa setzte sich ganz dicht an Frederik heran, neigte ihren Kopf auf seine Schulter, legte seine Hand auf ihren Oberschenkel und ihre auf seinen. Damit bildete sie einen Gestus – und sie wusste, was sie tat, nämlich leise weisen und weiblich leiten –, ein Genuss also, der Fürsorge, Besinnlichkeit und Erotik miteinander verflocht. So verharrten sie lange und schwiegen.

„Sie ist freundlich und nett, hilfsbereit und fürsorglich. Und zu alldem bezaubert sie durch sinnlichen Charme und anmutige Schönheit", wiederholte auch Frederik noch mal diese Beschreibung, um dann zu ergänzen: „Das hat er gut erkannt, da hat er Recht! Und in allem anderen auch. Sein Bericht ist offen, ehrlich, schonungslos selbstkritisch und stimmt bis in jedes kleine Detail. Zudem entschuldigt er sich selbstlos und bietet Wiedergutmachung ohne Eigennutz an. Das hätte ich ihm wirklich nicht zugetraut, damit hätte ich nicht gerechnet." Und nach einer weiteren Minute des Reflektierens fügte er noch an: „Mehr kann ich nicht erwarten!"

Teresa ahnte, dass Frederik bereits überzeugt war, auf den Vorschlag seines Vaters einzugehen, es aber noch nicht aussprechen konnte. Nicht vor ihr und auch nicht vor sich selbst. So kam sie ihm mit folgender Erwägung entgegen: „Morgen Abend gibst du mir wieder ein Konzert. Das Programm bestimmst du. Enthält dieses Programm Stücke von Chopin, von Frédéric Chopin, verkündest du damit, den Vorschlag deines Vaters angenommen zu haben."

Obwohl Teresa – wie gesagt – ziemlich sicher war, dass Frederik die richtige Richtung einschlüge, gab sie ihm noch eine weitere Motivationsspritze mit auf den Weg, und zwar einen Anreiz der erotischen Art, den sie auch selbst genoss: Zunächst lockte sie beim Abschied mit besonders lustvollem Lecken der Lippen. Dann nahm sie seine Hand, drückte sie an ihren Busen und sprach: „Bitte beschere uns ein schönes Konzert. Auch ich werde Vorbereitungen treffen, die deinen morgigen Besuch zum unvergesslichen Erlebnis steigern ... können."

Die erste dieser Vorbereitungen begeisterte Frederik bereits, als ihm Teresa am nächsten Tag die Haustüre öffnete und in Gestalt von sinnlichem Sexappeal und erotischer Eleganz vor seine Augen trat. Ihr schwarzes Kleid betonte die weibliche Taille, offenbarte die Ansätze der bezirzenden Brüste und gönnte Blicke auf bildhübsche Beine. Silberne Kette, Ohrringe und Haarreif rahmten das liebe Gesicht zu einem Porträt der Poesie. Teresa sah unglaublich süß und sexy aus.

Wie glücklich war Frederik, dass er dieser Schönheitsgöttin angemessen gegenübertreten durfte und im adretten Anzug ein Pendant zur weiblichen Attraktivität bildete, das offensichtlich auch Teresas Gefallen fand. So fielen die Umarmungen und Küsse schon zur Begrüßung recht reichlich aus und betonten deutlich die erotische Komponente, bis hin zum erektilen Ereignis.

Das Willkommenheißen drückte also schon aus, was eigentlich der Verkündung durch Chopin-Musik zugedacht war. Trotzdem gab Frederik ein kleines Konzert und begann mit dem Bachchoral „Der Tag, der ist so freudenreich". Von Chopin spielte er die höchst virtuose „Revolutions-Etüde" und ein verträumtes Nocturne. Schließlich wiederholte er die sehnsüchtigen Melodien aus Schumanns „Album für die Jugend“, mit denen er seine Liebste schon einmal verzaubert und zu Tränen gerührt hatte. So wie damals auch diesmal: Teresa schwelgte in romantischer Besinnlichkeit. Doch heute waren die Klänge kaum noch von Zweifeln geprägt, sondern schwebten auf Wolken der Hoffnung. Erotische Vorfreuden schufen sie zudem und befeuchteten somit nicht nur die Augen, sondern auch die warme Vagina.

Zum Abschluss des Konzertes hatte Teresa noch einen Programmwunsch. Sie gab Frederik ein Blatt mit handgeschriebenen Noten und bat ihn, sie zu spielen. Der versierte Musiker erkannte nach wenigen Takten, dass ihm ein unvollständiges Musikstück, wahrscheinlich nur eine Begleitung, vorlag, brach irritiert ab, schaute Teresa aufklärungsbedürftig an und behauptete: „Da fehlt was!“

„Meinst du?“, fragte Teresa mit vorgetäuschtem Staunen. „Spiel noch mal bitte!“ Frederik begann erneut und wurde in seiner Meinung aufs Angenehmste bestätigt. Denn Teresa ergänzte das Fehlende und komplettierte die Komposition, indem sie ihre Stimme zum seligen Singen eines Liedes von Ludwig van Beethoven erhob:

Ich liebe dich, so wie du mich,
Am Abend und am Morgen,
Noch war kein Tag, wo du und ich
Nicht teilten unsre Sorgen.
Auch waren sie für dich und mich
Geteilt leicht zu ertragen;
Du tröstetest im Kummer mich,

Ich weint' in deinen Klagen.
Drum Gottes Segen über dir,
Du meines Lebens Freude.
Gott schütze dich, erhalt dich mir,
Schütz und erhalt uns beide.

Gegenseitig dankende Liebkosungen nach dem Konzert wandelten geschmeidig zu lüsternem Labsal. Die Liebenden ergötzten sich an inbrünstigen Küssen und zogen die von Begierde getriebenen Hände über ihre Körper, über ihre ganzen Körper, auch zu den herausragenden Erhebungen von Weiblichkeit und Männlichkeit. Fieberndes Zittern der bebenden Beine gefährdete ihre Standfestigkeit. So suchten sie die Horizontale, ohne dabei voneinander abzulassen. Auf dem Teppich gelandet, wälzten sie sich umeinander, wendeten sich miteinander, umfingen und umringten ihre lodernden Leiber, streiften und streichelten mit beharrlichem Begehren, verzauberten und verzehrten sich an den erogenen Zonen.

In einer Pause der heftigen Gebärden stellte Teresa fest: „Frederik, mein Liebster, mein Schatz. Du spielst so wunderschön Klavier. Doch in meiner Unersättlichkeit vermisse ich dein Flöten." Frederik bedauerte, sein Instrument nicht mitgebracht zu haben, und schaute schuldbewusst drein. Doch Teresa besänftigte sogleich: „Lass mich deine Flöte sein! Nimm mich, so wie du deine Flöte nimmst! Packe mich sachte aus, erfasse mich von oben bis unten und beschwinge mich mit deinen Lippen. Die zärtlichen Zuwendungen deiner Finger, die du den vielen Flötenlöchern schenkst, musst du in meinem Fall allerdings auf ein einziges konzentrieren."

Teresa ließ ihre Wünsche durch eine Kunstpause wirken, dann setzte sie erneut an und präsentierte ihren Hang zur Poesie: „Dieses eine Loch jedoch soll dich beglücken und verzücken, Freude spenden, Liebe senden, bis zum Glühen Lust versprühen, voll Verlangen dich empfangen, erhören und betören, letztendlich jubilieren bei deinem Explodieren."

Um ihr Anliegen noch zu verdeutlichen, erklärte sie weiterhin, dass zu ihren Vorbereitungen auf diesen Abend, für den sie ja unvergessliche Erlebnisse versprochen hatte, nicht nur das Einüben des Beethoven-Liedes, das Verfassen von lüsternen Versen und die Schönheitspflege, sondern auch der Gang zum Frauenarzt gehörte, um die Verhütungsfrage zu klären. Frederik war nur noch glücklich, sprang zum Klavier und spielte die „Revolutions-Etüde" gleich noch einmal, hämmerte sie euphorisch in die Tasten, schnappte sich dann seine Teresa, hob sie hoch, trug die schöne Frau auf Händen in ihr Zimmer und sank mit ihr aufs Bett.

Was Frederiks Mund und Hände beim Musizieren an erotischer Anmut versprachen, hielten sie auch in der körperlichen Liebkosung. Schlemmendes Schmusen und kuschelndes Knutschen schürten eine Stimmung von Verflechtung und Verschmelzung, von Vertrauen und Verheißung.

Zum Start einer langen Reise legte Frederik seine Hand auf Teresas Bauch und streichelte dort durch den seidenen Stoff des Kleides hindurch rund um den Nabel. Ganz allmählich strebte er hinauf zu den Brüsten, deren Ansätze er sachte umspielte. Teresas tiefes Atmen trieb ihn an, die bebenden Berge zu besteigen. Feines Fühlen der weiblichen Wölbung ließ Lüste lodern, prägte ein Kribbeln und Krabbeln, führte in Sphären von geiler Gier, die nun auch anderenorts befriedigt werden wollte. Durch Bewegungen des Beckens wies Teresa den Weg ihrer Wünsche. Frederik ergriff ihren Schenkel, fasste ihn knapp über dem Knie, spürte die heiße Haut und drückte sanft in den straffen Muskel. Ein kleines Stückchen rutschte er hinauf, schaute dann die Geliebte fragend an, bekam durch bedächtiges Senken ihrer Lider die Antwort, die er ohnehin schon wusste – nämlich weiter Richtung Scheide gleiten zu dürfen. In kleinen Bögen rückte er höher und höher, massierte behutsam mal hier, mal dort, ohne dabei sein Ziel zu vergessen, ließ sich auch vom Saum des Kleides nicht stoppen, sondern fuhr darunter, tätschelte und hätschelte das feste Fleisch. Als seine Fingerspitzen den Übergang zum Po ertasteten und der Daumen die zarte Leiste touchierte, prickelte sein praller Penis noch penetranter und wuchs zu kolossaler Größe heran.

Beim Reiben zwischen den Beinen der frönenden Frau wurde diese von Schauern durchströmt. Stöhnend beschwor sie die schmiegende Hand, auch tiefer zu schürfen. Frederik kniete sich, zog Teresa den Slip aus und schob ihr Kleid bis unter die Brust, so dass er sein Gesicht an ihrem nackten Bauch laben konnte, während seine Finger die Scheide verwöhnten. Zart umkreiste er die Klitoris, ließ sie vibrieren durch Variieren der regen Bewegung. Welle um Welle durchwallte den knackigen Körper der seufzenden Frau. Als sie ihrem Liebhaber reckend und streckend den Unterleib darbot, tauchte er ein in die triefenden Tiefen, flutschte mit den Fingern durch die Feuchte und rieb reizend die weichen Wände der feurigen Feige. Teresa ächzte, Teresa lechzte, warf ihren Kopf von einer Seite auf die andere, trieb Frederik zu rasanterem Rhythmus an, indem sie selbst stetig schneller mit dem begehrenden Becken wippte und kippte.

„Genug, genug!“, rief sie, als der Lustschmerz nicht mehr auszuhalten war, und stoppte Frederiks Hand. „Genug! Ich schnappe sonst über!“ Und dann – nach einigen verschnaufenden Atemzügen – schwärmte sie: „Oh, mein Schatz! Von Anfang an hat mich dein Flöten hingerissen, nun bin ich ihm gänzlich verfallen.“ Bei den letzten Worten spielte sie bereits am Kragen seines Hemdes und begann, den schönen Mann auszuziehen. Jeden geöffneten Knopf feierte sie mit köstlichen Liebkosungen der immer weiter entblößten Brust und wandte sich bald auch tieferen Regionen zu. Schließlich befreite sie Frederiks geschwollenes Glied aus der Enge der Hose, umfasste es sanft und drückte es zart. Das hechelnde Keuchen des Erregten beantwortete Teresa hauchend: „Ja, du kriegst mich! Ja, ich will dich auch!“ Sodann zeugten nochmals reimende Verse von ihrer guten Vorbereitung auf diesen Abend: „Zum Platzen prall, zum Bersten drall ragt empor dein großes Rohr. Geiles Gleiten durch reizendes Reiten will sein Pulsieren stark stimulieren. Lass dein Sperma sprießen, lass es fließen, es soll strömen unter Stöhnen. Gib mir den Saft aus deinem Schaft.“ Frederik reagierte nur noch mit lechzenden Lauten der Lust und gab sich hin.

Teresa streifte ihr Kleid nun gänzlich ab, beugte sich über den nackten Körper des Verehrten und Begehrten, legte ihre Brust auf seine, teilte mit der Zunge die Lippen des Liebsten und begann einen leidenschaftlichen Kuss. Mit genüsslicher Langsamkeit lancierte sie danach Frederiks gieriges Glied in ihre heiße Höhle. Verklärte Seufzer des Verlangens formten sich in den Kehlen der beiden nun völlig Verzauberten und quollen aus den Mündern.

„Endlich vereint!“ waren ihre letzten Worte, bevor sie sich restlos der Wollust ergaben, im tosenden Rausch der Begierde versanken, in der Hitze von reibenden Stößen verglühten und schließlich in himmlischen Höhen der ekstatischen Erotik verschmolzen.

Etwa drei Wochen später hatte Teresa Geburtstag. Sie bat ihre Eltern, zu diesem Anlass ein Hauskonzert veranstalten zu dürfen. Die Eltern waren nicht nur einverstanden, sondern freuten sich über diesen Vorschlag und versprachen, das Fest mit einem Buffet zu bereichern. Natürlich wollten sie auch wissen, wer das Konzert gäbe, wer denn musizieren wollte. Doch diesbezüglich mussten sie sich gedulden, denn Teresa antwortete lediglich mit „Überraschung!“ und lächelte dazu keck und verschmitzt.

Frederik bestach in jeder Hinsicht. Er sah gut aus, gefiel durch angenehme Manieren und glänzte vor allem durch sein Klavier- und Flötenspiel. Das Publikum, bestehend aus Bekannten und Verwandten inklusive Frederiks Vater, erlag der sympathischen Ausstrahlung des jungen Mannes, schwelgte in der schönen Musik und spendete nach jedem Stück begeisterten Beifall. Als Teresa während des Schlussapplauses ihrem Frederik nicht nur höflich dankend die Wangen küsste, sondern dann auch seine Lippen mit ihrem Mund leidenschaftlich bestürmte und somit ihre Liebe allen Zuhörern beziehungsweise Zusehern verkündete, galt der wohlwollende Applaus nicht mehr allein dem Musiker, sondern beglückwünschte das schöne Paar und brauste zu jubelnden Ovationen auf, die gar nicht mehr enden wollten.

Lebst du noch?

In ihrem nächtlichen Traum sah sich Kyla als Verkäuferin von Obst und Gemüse …

… Ein Kunde betritt ihren Laden, sucht sich ein Körbchen Erdbeeren aus, bezahlt es, fingert darin nach der schönsten Frucht, blättert diese behutsam ab und hält sie Kyla anbietend vor den Mund. Sie geht auf die Gefälligkeit ein und bedankt sich mit verbindlichem Nicken. Als das Aroma der Erdbeere ihren Gaumen verzückt, erkennt sie Pius in dem Kunden, Pius, ihren Arbeitskollegen aus dem richtigen Leben.

Hocherfreut registriert sie seine Aufwartung und hofft, noch einmal gefüttert zu werden. Pius liest ihr diesen Wunsch von den Augen ab und gibt der zweiten Erdbeere sogar ein Küsschen, bevor er sie kredenzt. Kyla nimmt den Faden dieser amourösen Andeutung auf, spinnt ihn fort, seufzt einen kleinen, kehligen Laut von froher Erwartung und provoziert eine Steigerung der Intimität, indem sie zum Empfangen der Gabe ihre Lippen nur leicht weitet, um ein Schieben, ein Nachschieben, ein Reinschieben der Erdbeere zu erheischen. Dieses vollführt der Kunde in aller Genüsslichkeit mit abgestrecktem Mittelfinger, der schließlich ganz in Kylas Mund verschwindet. Die erregende Wirkung des Eindringens spiegelt sich im Gesicht der Verkäuferin wider. Da zudem die gehobenen Brüste erotische Begierden verraten, wagt Pius noch mehr: Er klemmt eine der roten Früchte zwischen seine Zähne und lässt Kyla daran knabbern. Gerne nutzt die entflammte Frau diese Offerte und erhascht dabei labiale Kontakte.

Die nächste Erdbeere wandelt von Mund zu Mund, wird dabei von den Zungen geschubst und gestupst, bis sich diese zu gleichem Spiel selbst finden und schließlich leidenschaftlich lecken und schlecken, so dass eine Melange von Fruchtsaft und Saliva aus ihren Mundwinkeln quillt, über Kiefer und Hälse rinnt, ja, sogar die Brüste benetzt. Nach vielen weiteren ausführlichen Küssen haucht Kyla ihrem Traumpartner zu: „Verehrter Kunde, wir haben auch Spargel im Angebot!“ Pius versteht die Anspielung, ergötzt sich an der Gegenliebe, auf die seine lodernde Lust stößt, und antwortet: „Vielen Dank! Aber mit Spargel bin ich bereits versorgt!“

Und schon öffnet er seine Jeans und legt Kylas Hand auf sein steifes Glied. „Hmmm!“, bestätigt die Animierte seine Aussage, fühlt das heiße Pulsieren des harten Rohres und schaut zur Demonstration ihres Verlangens in Richtung ihrer Scham. Ohne Zögern folgt Pius der Verlockung, hebt Kyla auf den Ladentisch, bittet sie mit mildem Druck von sanfter Hand in Rückenlage, schiebt Rock und Schürze hoch, das Höschen herunter, befreit seinen langgestreckten und hartgeschwollenen Penis aus der Enge des Slips und beugt sich so anschmiegsam über die begehrte Frau, dass die phallische Säule geschmeidig in die triefend nasse Vagina flutscht. Als sich Kyla und Pius nun voller Hingabe der Kopulation widmen, brandet Beifall auf. Diesen spenden weitere Kunden, die – von den Liebenden unbemerkt – den Laden betreten haben, aber durchaus gewillt sind, Bedienungswünsche und Einkäufe ihrem Voyeurismus unterzuordnen und dem belauerten Sexualakt sogar Zustimmung zu zollen …

… Jedoch der anfeuernde Applaus weckte Kyla auf und beendete den schönen Traum leider gar zu früh. „Schade!“, bedauerte sie, die letztendliche Erfüllung wieder mal – also genau wie immer – verpasst zu haben. Sie träumte diese Fantasien nämlich regelmäßig, kannte sie bestens und wusste sie auch einzuordnen.

Kyla und Pius arbeiteten auf der gleichen Station des städtischen Krankenhauses. Kyla liebte Pius und war sich einer gewissen Erwiderung ihrer Gefühle ziemlich sicher. Zu einer Annäherung jedoch fehlte ihr der Mut. In der Gegenwart des Verehrten bekam sie rote Wangen, begann zu zittern, geriet in Fahrigkeit und brachte kein Wort mehr über die Lippen. Weitere Symptome von Scheu und Befangenheit zeigten die breite Palette der Komplexe.

Sie traute sich also nicht, ihre Zuneigung zu offenbaren, transportierte sie stattdessen in nächtliche Träume und befasste sich mit deren Deutung: Die sexuelle Vereinigung mit Pius sprach für sich. Deren Vorbereitung per Fütterung symbolisierte den Wunsch, zu dem ersehnten Beischlaf verführt zu werden. Das Strömen der Erdbeer- und Körpersäfte, das zu weitreichenden Schwemmungen ausuferte, verriet überquellende Lust. Und in der applaudierenden Kundschaft sah Kyla das Personal des Krankenhauses, denn nahezu alle Kolleginnen und Kollegen wussten um ihre Nöte, gaben Ratschläge, Empfehlungen, Anregungen, Zuspruch, ermutigten sie immer wieder und drückten ihr die Daumen, eines Tages doch noch in Pius' Armen zu landen.

Von diesem selbst war keine Initiative zu erwarten. Auch er zeigte nämlich in aller Deutlichkeit die Symptome von Zaghaftigkeit bis hin zum Bangen und von Verlegenheit bis hin zum Schämen, wenn er mit Kyla zusammentraf. Immerhin nährte dieses Verhalten Kylas Ahnung, dass Pius ihre liebenden Gefühle teilte.

Weitere Parallelen bildeten Pius' Träume, die Sehnsucht und sexuelles Verlangen nach Kyla ausdrückten, darüber hinaus seine lähmende Schüchternheit thematisierten und ebenfalls in steter Regelmäßigkeit auftraten …

… Vergraben und eingebuddelt liegt Pius am Strand. Riesige Mengen von Sand häufen sich über seinem Leib und verdammen ihn zur Reglosigkeit. Erlöst wird er von Kyla. Mit bloßen Händen baut sie die Beladung und Belastung ab. Bald sind Pius' Arme und Beine so weit befreit, dass er Kyla helfen könnte. Er sieht jedoch davon ab, bleibt stattdessen ganz ruhig liegen, denn er genießt die Zuwendungen, zumal auch seine Retterin offensichtlich größtes Vergnügen an ihrem Tun hat und dieses immer gefühlvoller zelebriert: Mit den Fingerrücken streichelt sie den Sand aus seinen Halsmulden. Mit den Handflächen reibt sie seine Brust bis zur gänzlichen Entblößung ab. Besondere Sorgfalt gewährt sie Pius' Bauch, pult sogar einzelne Körner aus dem Nabel. Galant streift sie dann über die Waden, vertreibt auch hier letzte Sandreste, kriecht nun langsam empor, passiert die Knie und stellt beim Erreichen der Schenkel mit Genugtuung fest, dass Pius' Reglosigkeit ein Ende hat. Zwar hält er Arme und Beine nach wie vor ganz still, in seinen Badeshorts aber rühren gewaltige Kräfte und sorgen für enormes Wachstum. Aufreizende Impulse durchzucken den prallen Penis, als Kyla Korn für Korn von der gewölbten Hose pickt. Dem Verlangen auch selbst schon längst verfallen, packt die Verführerin das steife Glied nun aus, streift dann ihre durchtränkte, von Liebessaft durchtränkte Bikinihose ab, enthüllt zudem ihren Busen und beugt sich schließlich so anschmiegsam über den begehrten Mann, dass seine phallische Säule geschmeidig in ihre triefend nasse Vagina flutscht. Als sich

Kyla und Pius nun voller Hingabe der Kopulation widmen, brandet Beifall auf. Diesen spenden Spaziergänger, die – von den Liebenden unbemerkt – den Ort des Geschehens betreten haben und durchaus gewillt sind, sonstige Strandvergnügungen ihrem Voyeurismus unterzuordnen und dem belauerten Sexualakt sogar Zustimmung zu zollen …

… Jedoch der anfeuernde Applaus weckte Pius auf und beendete den Traum leider gar zu früh. „Schade!“, bedauerte er, die letztendliche Erfüllung wieder mal – also genau wie immer – verpasst zu haben.

So liebte also die eine den anderen und der andere die eine, und dennoch fanden sie nicht zueinander, sondern lebten und liebten nebeneinander her.

Es waren zwei Königskinder,
Die hatten einander so lieb,
Sie konnten zusammen nicht kommen,
Das Wasser war viel zu tief,
Das Wasser war viel zu tief …

Dass die Geschichte von Kyla und Pius nicht so traurig endete wie die der Königskinder aus dem bekannten Lied war ihren fürsorglichen Kolleginnen und Kollegen zu verdanken.

Diese organisierten nämlich einen Wochenendausflug. Die offizielle Planung sah vor, dass sich die ganze Belegschaft in einem Ferienhaus traf, um von dort aus verschiedene Aktivitäten zu starten. Inoffiziell jedoch führten sie anderes im Schilde: Ein geschicktes Manöver, das sie höchst raffiniert ausgeklügelt hatten, sorgte dafür, dass Kyla und Pius die Ersten am Zielort waren. Auf der Flucht vor ihrer Verlegenheit, die die beiden natürlich auch bei dieser Begegnung befiel, inspizierten sie das Haus auf getrennten Wegen. Dabei entdeckten sie schriftliche Grüße ihrer Kolleginnen und Kollegen, die für Kyla im Damen- und für Pius im Herrenschlafzimmer bereitlagen. Diese offenbarten ihnen, dass sie nicht nur die Ersten, sondern auch die einzigen, für das ganze, lange Wochenende einzigen Gäste des Urlaubdomizils waren und bleiben sollten. Weiterhin wünschten die Absender besinnliche und beschauliche sowie bewegende und berührende Stunden.

Die Konstellation der Zweisamkeit im lauschig gelegenen Ferienhaus und auch die Vorbereitung von kulinarischen Leckereien, die im Kühlschrank warteten, hätten wahrscheinlich nicht genügt, um die Barrieren und Blockaden der Liebenden zu überwinden. Deshalb fügten die wohlwollenden Freunde ihren Briefen noch ein Gedicht von Heinrich Heine bei, das Kyla und Pius in quälender Weise mit ihrem Dilemma konfrontierte, somit aufrüttelte, den Kampf gegen die beherrschenden Verklemmungen anmahnte und schließlich zum Durchbrechen der beengenden Mauern drängte.

Sie liebten sich beide,
Doch keiner wollt' es dem andern gesteh'n.
Sie sahen sich an so feindlich
Und wollten vor Liebe vergeh'n.
Sie trennten sich endlich
Und sahen sich nur noch im Traum.
Sie waren längst gestorben
Und wussten es selber kaum.

Schweigen. Langes Schweigen. Tiefes Schweigen. Bedeutungsvolles Schweigen füllte Zeit und Raum. Dann, endlich, klopfte Pius bei Kyla an, schob die Tür einen spaltbreit auf, lugte mit dem Kopf herein und fragte leise: „Kyla, lebst du noch?“

„Und du?“, antwortete Kyla sanft und sachte per Gegenfrage, während sie die Tür zum Einlass des Geliebten ganz öffnete. Beide, Kyla und Pius, nickten bedächtig und lächelten ganz dezent, fassten sich bei den Händen, nahmen sich in die Arme, blieben für einige Minuten bei dieser innigen Anschmiegung und wurden miteinander aneinander warm.

Wenn es Rekorde in der Disziplin „Gemächliches Ausziehen“ gäbe, Kyla und Pius hätten sie alle gebrochen. Sie konnten nicht anders, denn an jedem Kleidungsstück hingen zentnerschwere Lasten, die entfernt und vernichtet werden mussten. Doch schließlich reichte das lange Wochenende aus, um ihre Fantasien der Wirklichkeit beizumischen. Mehr noch: Sie genossen Erotik und Sexualität bis hin zur glückseligen Erfüllung, womit sie ihre Träume sogar übertrafen.

Entdeckung

Yentl schwärmte für Lysander. Dies war zunächst einmal nichts Besonderes, denn alle Frauen schwärmten für diesen Mann, vor allem die Studentinnen der Universität, an der er Germanistik studierte. Yentls Schwärmerei jedoch bewegte sich in einer Dimension, die nicht nur anhimmelnde Verzückung ausdrückte, sondern der jungen Frau die Entdeckung der Erotik bescherte und somit neue Selbsterkenntnisse einbezog. Wenn Yentl an Lysander dachte, keimten Gefühle auf, die ihr bisher fremd beziehungsweise unzugänglich waren. Erstmalig in ihrem Leben entwickelte sie sexuelle Sehnsüchte und streichelte sich bei verträumten Gedanken Hals und Schultern, manchmal auch den Bauch. Die erogenen Zonen zu betasten traute sie sich nicht. Diesem Begehren standen Vorbehalte im Wege, die aus ihrer Kindheit rührten und zum dogmatischen Verbot avanciert waren.

Yentls Vater war katholischer Priester, machte sich also mit der Zeugung eines Kindes sündig. Seine Missachtung des Zölibats belastete ihn mit erdrückenden Selbstvorwürfen, die ihn derart zur Verzweiflung trieben, dass er sie eines Tages nicht mehr aushielt und das freiwillige Scheiden aus dem Leben zur Lösung seiner Sorgen und zum Ende seiner Qualen wählte.

Yentls Mutter fühlte sich durch diesen Freitod in vielerlei Hinsicht schuldig und litt an Schwermut. Zusätzlich verstärkt wurde dieses Leid durch das niederträchtige Verhalten der einfältigen Dorfgemeinschaft, die die alleinerziehende Mutter als leibhaftiges Sakrileg verstieß und zur Außenseiterin stempelte. Die junge Witwe und auch ihre Tochter bekamen einerseits hochnäsige Ignoranz, andererseits aber auch Verachtung und garstige Gemeinheiten zu spüren, die den beiden das Leben zur Hölle machten. Mit den Jahren jedoch schafften sie die Ablösung von der Dorfgemeinschaft, befreiten sich von der Diffamierung, zogen in einen anderen Ort und begannen ein neues Leben.

Yentl reifte zu einer freundlichen und höflichen Persönlichkeit heran, verwirklichte damit die Bedeutung ihres Namens – die Liebenswürdige – vortrefflich und genoss eine gewisse Beliebtheit. Ihre sympathische Ausstrahlung entflammte zunehmend auch das andere Geschlecht, zumal sie mit körperlichen Verlockungen gepaart war. Jungen gegenüber verhielt sich Yentl aber sehr zurückhaltend und scheu, um nicht zu sagen abweisend. Diesbezüglich war sie eindringlich und nachdrücklich von der Erziehung ihrer Mutter geprägt, die auf Grund ihrer Erfahrungen in der Liebe ein Übel sah, Erotik verdammte, Sexualität verteufelte und dadurch ihrer Tochter den natürlichen Zugang dieser Bereiche verbaute. So blieb Yentl auch als attraktive Frau im Alter von Anfang bis Mitte zwanzig gänzlich unberührt, auch von sich selbst unberührt, dem Thema Liebe, Lust und Leidenschaft abgewandt und der Männerwelt verschlossen.

Die bereits erwähnten Berührungen, Selbstberührungen, von Hals, Schultern und Bauch, die die Schwärmerei für Lysander begleiteten, bildeten die ersten Ansätze zur Lockerung des Tabus und Aufweichung der misslichen Blockaden.

Viele Tage und Wochen beließ Yentl die Erkundung ihrer körperlichen Empfindungen bei dem beschriebenen Stadium, gab ihrem Befühlen aber immer häufiger neue und intensivere

Bedeutung. War es ursprünglich nahezu unbewusste Ergänzung ihrer Hingezogenheit zu Lysander, erhob sie es nun zum eigentlichen Anliegen, stellte sich ihre Hand als seine vor, erträumte sich also, von ihm gestreichelt zu werden. Auch tauschte sie in Gedanken manchmal die Rollen von Hand und Körper, wodurch sie die imaginären Liebkosungen vom Empfänger- zum Spendergestus wandelte.

Eines Nachts allerdings wachte Yentl auf, fand ihre Hand zwischen nassen Schamlippen versunken und schwelgte noch in den leidenschaftlichen Umarmungen mit Lysander, die sie im Schlaf erlebt zu haben glaubte. Da sie Träumen schon immer Bedeutung für die Wirklichkeit beimaß und ohnehin viel zu intelligent war, um die Verdrängung ihres Sexualtriebes nicht endlich zu erkennen, zu analysieren, zu bearbeiten und schließlich zu beheben, öffnete sie nun gänzlich die Tore zur Erotik, warf die manifestierten Hemmungen nach und nach über Bord, entdeckte ihre geschlechtlichen Gelüste und erforschte die Libido.

Wer war eigentlich Lysander, der Schwarm aller Frauen mit der nachhaltigen Wirkung auf Yentl? Sein äußeres Erscheinungsbild verdiente das Prädikat „besonders attraktiv“. Stattliche Maße prägten die sportliche Figur, den Gesichtszügen gelang ein überzeugender Kompromiss von markanter Männlichkeit und weicher Sanftmut, sein Lachen offenbarte tadellose Zähne und strahlende Augen, wenngleich deren Hauch von Melancholie nie gänzlich verflog. Volles Haar krönte Lysanders Haupt und komplettierte den schönen Anblick.

Zu diesem gesellte sich ein einnehmendes Wesen, das Freundlichkeit und Höflichkeit als Ausdruck von Respekt und

Toleranz zur Geltung brachte. Weiterhin war der junge Mann mit überdurchschnittlicher Intelligenz und gesundem Eifer beschenkt, so dass er sein Studium mit gelassener Aktivität souverän meisterte. Da er trotz dieser immensen Ballung von Vorzügen nicht einmal im Ansatz Selbstgefälligkeit oder Einbildung, geschweige denn Selbstdarstellung oder Arroganz zeigte, wallten ihm allerorts und zu jeder Zeit Sympathien entgegen.

Auch die Tatsache, dass Lysander gerne Kritik übte und gängige Ansichten mutig hinterfragte, konnte seine Beliebtheit nicht mindern. Gegenreden trug er nämlich niemals verletzend vor, sondern stellte lediglich sachte Anregungen zu alternativen Betrachtungsweisen bereit, die er in vorbildlicher Weise immer auch von sich selbst forderte. Lysander hatte also einen ausgeprägten Hang zum Differenzieren, ebenso einen forschenden Blick für das Tiefgründige und er schaffte es, diese Gaben seinen Mitmenschen wohlwollend anzubieten.

Schließlich umgab ihn noch ein Schimmer des Geheimnisvollen. Dieser rührte von seinen Ausweichmanövern bei privaten Kontakten. Vor allem junge Frauen hätten ihn gerne auf Partys und Feten gesehen, mit ihm zusammen Diskotheken besucht, Fahrradtouren, Picknicks und Ähnliches unternommen. Jedoch: Sie hatten keine Chance. Diesbezügliche Einladungen schlug Lysander in liebenswürdiger Manier aber dennoch unumstößlich aus. Dabei verwunderte er mit Antworten wie „Entschuldigung, ich bin noch nicht so weit" oder aber „Nein danke, das muss noch warten". Den Gipfel des skurrilen Staunens erklommen seine Kommilitoninnen, wenn Lysander Offerten mit folgendem Satz zurückwies: „Mir fehlt noch die Reife, ich bitte um Verzeihung." Selbstverständlich führten diese Aussagen zu Neugier und Spekulationen: warten worauf?

Welche Reife? Noch nicht so weit? Für was denn? Diese Fragen brannten auf den Zungen, wurden aber niemals gestellt, denn Lysanders Verhalten strahlte eine magische Kraft aus, die, ohne zu brüskieren oder autoritär zu wirken, weitere Erkundigungen ausschloss. Lysanders angenehme Art wurde also mit dem Zauber des Unerfindlichen und dem Reiz des Rätsels garniert und steigerte somit das intensive Interesse an seiner Person zu fesselnder Faszination.

Dieser war, wie gesagt, insbesondere Yentl erlegen, führte sie zu sexuellen Fantasien, half ihr, dem Tabu der körperlichen Entsagung zu entfliehen, stattdessen der Erotik und Sexualität Raum zu gewähren, und bahnte ihr Schritt für Schritt den Weg zur Onanie. Lysander beziehungsweise die Bedeutung seines Namens „Befreier" war für Yentl Programm.

Ähnlich einem Schwamm, der nach Tagen der Austrocknung Wasser aufnahm, und vergleichbar einem fast Erstickten, der nun japsend um Luft rang, saugte Yentl die entdeckte Lust auf. Die Erkundung ihres Körpers steigerte sich zum Lebensthema, besetzte mehrere Stunden des Tages, nahm die Wichtigkeit eines ausgeprägten Hobbys an, für das sie andere Aktivitäten opferte und sogar die eine oder andere Vorlesung schwänzte. Regelmäßig zog sie sich zurück, stellte Störfaktoren wie das Telefon und die Türschelle ab, sorgte für verträumte Musik sowie romantische Beleuchtung und gab sich der neuen Passion hin.

Meistens begann sie ihre Lustreise bei den Oberschenkeln, die sie, auf den Fersen sitzend, rieb, in langen Zügen zwischen Knien und Hüfte erwärmte und dadurch ihren ganzen Körper in vorfreudige Spannung versetzte. Sodann öffnete sie ihre Beine, zeichnete mit den Fingern weiche Bögen auf die Innenseiten der Schenkel, näherte sich dabei der Scham und genoss den zarten Kitzel beim Tangieren der Scheide. Nun stand sie auf und stellte sich vor den großen Spiegel, den sie sich extra gekauft hatte, um sich von Kopf bis Fuß betrachten zu können. Sie tänzelte vor ihrem Abbild, wiegte sich hin und her, beschaute und begutachtete ihren Körper von allen Seiten und bemerkte immer wieder neu: „Ich bin schön!"

Bei einer Gesichtsmassage lernte sie nicht nur die Lippen, sondern auch die Ohren, Augenbrauen und Nasenflügel als erogene Zonen kennen. Nachdem sie sich diesen ausführlich gewidmet hatte, sanken ihre Hände über Hals und Schultern hinab, landeten auf den Brüsten, wo sie behaglich weilten. Leicht und sanft glitten die Handflächen über die begehrende Haut, schmiegten sich an den Busen und streiften die holden Hügel. Die Mamillen wurden stetig fester und verlangten, stimuliert zu werden. Drückend und pressend bediente Yentl dieses Begehren.

Beim Umkreisen des Bauchnabels strömte nicht nur die sexuelle Erregung in die Scheide, sondern der ganze Leib erfuhr eine Vitalisierung. Energie und Kraft flossen in alle Glieder und prägten eine Konzentration auf das Körperbewusstsein von ungeahnten Ausmaßen.

Die Gedanken an Lysander, die Vorstellung von wollüstigen Umschlingungen, die Sehnsucht nach dem Erlebnis des Küssens, der Wunsch, sich zu öffnen, um die Liebe zu empfangen, all dies trieb Yentls Hände nun unaufhaltsam zum Geschlecht. Sie setzte oder legte sich auf das Bett, zog ihren Slip aus, näherte sich mit einer Hand der wartenden Vagina, beließ es nun aber nicht mehr beim Tangieren, sondern eroberte alle Bereiche und stieg auch hinab in die Tiefe der Höhle. Die flutende Nässe, die aus dem lüsternen Loch zwischen den Beinen quoll, umspülte die Schamlippen, begünstigte deren geschmeidige Liebkosung, verwandelte die Klitoris zu einem Ort von geilglitschiger Genussgier, der unter vibrierenden Umkreisungen erzitterte, und ebnete den Weg hinein in die schmachtende Scheide, wo sich die Finger reckend reibend und streckend streichelnd um weitere Vergnügungen und Verzückungen von brennender Begierde bemühten.

Für die ersten ausgereiften Orgasmen, die Yentl erleben sollte, bedurfte es aber noch eines zusätzlichen Impulses, eines weiteren Antriebes, nämlich einer Regung der geistigen und seelischen Art:

Heideröslein

Sah ein Knab' ein Röslein steh'n,
Röslein auf der Heiden,
War so jung und morgenschön,
Lief er schnell, es nah zu seh'n,
Sah's mit vielen Freuden.
Röslein, Röslein, Röslein rot,
Röslein auf der Heiden.
Knabe sprach: „Ich breche dich,
Röslein auf der Heiden!"
Röslein sprach: „Ich steche dich,
Dass du ewig denkst an mich,
Und ich will's nicht leiden."
Röslein, Röslein, Röslein rot,
Röslein auf der Heiden.

Und der wilde Knabe brach
's Röslein auf der Heiden;
Röslein wehrte sich und stach,
half ihm doch kein Weh und Ach,
musst' es eben leiden.
Röslein, Röslein, Röslein rot,
Röslein auf der Heiden.

Dieses Gedicht von Johann Wolfgang von Goethe, das mehrere Komponisten zu Liedern vertonten, stand im Mittelpunkt des Literaturseminars, zu dessen Teilnehmern auch Yentl und Lysander zählten. Schnell erzielten die Studentinnen und Studenten Einigkeit darüber, dass der Text kein reines Blumengedicht darstellte, sondern als Thematisierung des sexuellen Missbrauchs interpretiert werden durfte, vielleicht sogar musste.

Sodann schloss sich eine engagierte Debatte rund um den Begriff Vergewaltigung an. Insbesondere ging es auch um mentale Nötigung, zum Beispiel im Zusammenhang mit Sexkonsum oder religiösen Doktrinen. Nach verschiedenen Diskussionsbeiträgen meldete sich auch Yentl zu Wort und erklärte, dass ein Beischlaf, der zunächst auf freiwilliger Hingabe beruhte, durch schäbiges Verhalten danach den Charakter einer Vergewaltigung annehmen konnte beziehungsweise Deutungen in diese Richtung nahelegt. Als nun Lysander zu einer Antwort auf Yentls Einschätzung anhob, geschah etwas Seltsames, genau genommen etwas Einzigartiges: Ein leichtes Zittern seiner Lippen verriet Ergriffenheit und brachte seine Souveränität für einen Moment ins Wanken. Zudem beinhaltete seine Stellungnahme diesmal nicht den wohlgesinnten Widerspruch, den man von ihm kannte und erwartete, sondern Zu- und Übereinstimmung mit Yentls Gedanken. Mit warmen Worten nahm er Yentls Faden auf, unterstützte ihre Meinung, unterstrich ihre These und betonte deren Gewichtigkeit. Dabei entsprachen seine Blicke, die er ausschließlich auf Yentl richtete, einer Verkündung: „Ich verstehe dich! Ich weiß, was du meinst, und kann es nachempfinden! Ich fühle mich dir verbunden!"

Bis zu diesem Tag hielt Yentl ihre Neigung zu Lysander für eine völlig einseitige Angelegenheit, mutmaßte in ihrer Beziehung einen Einbahnstraßenverkehr und kam nicht einmal auf die Idee, eine Verwirklichung ihrer sexuellen Sehnsuchtsträume zu erhoffen. Nun aber zeigte sich, dass Lysander Yentl konzentrierter beachtete, als studentischer Umgang es forderte, tiefer und teilnehmender wahrnahm, als Freundlichkeit verlangte und Höflichkeit schließlich beanspruchte. Yentl erkannte, dass Lysander sie mit besonderem Interesse und vielleicht sogar mit männlicher Regung bezüglich ihrer Weiblichkeit bedachte.

Der Zauber von Zuversicht und die heimliche Hoffnung auf lebendige Liebe durchströmten Yentl, erhitzten ihren Kopf, durchwallten ihr Gemüt und entfachten einen Adrenalinschub, der zu körperlicher Aktivität aufrief. Sie ließ die nächste Veranstaltung sausen, um sich stattdessen in aller Ausführlichkeit auszutoben. Joggen? Nein! Schwimmen? Nein! Radeln? Auch nicht! Sie beschloss, ihre angestaute Energie im Lodern der Lust zu entladen.

Die Ergänzung und Befruchtung der körperlichen Empfindungen durch die seelischen und geistigen Komponenten der Liebesgefühle führte sie nun zu Höhenflügen von unvorstellbarer Ausprägung. Schon das Streicheln der Schultern und Hüften wühlte sie stärker auf als gewohnt, rührte in tieferen Regionen als sonst und die Behandlung von Bauch und Brüsten produzierte bereits zum Bersten bestimmte Begierden. Als dann ihre fiebrigen Finger kribbelnd und krabbelnd die Klitoris umkurvten, strebsam die schlemmenden Schamlippen stimulierten und schließlich zwischen den wässrigwarmen Wänden der Vagina wirbelnd und wälzend walteten, gab es für Yentl kein Halten mehr. Wieder und wieder wogte die labende Lust in wuchtigen Wellen auf, inszenierte ekstatische Zenite des Zuckens und Zappelns, bewegte und beschwingte den kompletten Körper zu bizarren Gebärden. Biegen und Beugen, Krümmen und Krängen, Recken und Strecken waren Ausdruck einer orgiastischen Onanie, die opulente Orgasmen orderte.

Mit diesem Erlebnis hatte Yentl weitere Mauern der Beschränkung zertrümmert und Tore zu neuen Welten geöffnet. Die Erotik verhalf ihr nicht nur zu sexuellen Genüssen, sondern steigerte zudem ihr Körperbewusstsein und Selbstvertrauen. Sicherheit im Auftreten und Souveränität im Umgang mit anderen Menschen nahmen zu. So fand sie nun auch genügend Mut, um auf Lysander zuzugehen. Sie kaufte eine CD mit Liedern von Franz Schubert, auf der auch das „Heideröslein" zu hören war, verpackte sie zum schmucken Geschenk, das sie dem Verehrten überreichte. Dessen Reaktion auf diese Zuwendung verblüffte sie einmal mehr. „Herzlichen Glückwunsch, Yentl, du machst große Fortschritte." Und nach einer kleinen Pause ergänzte er: „Ich möchte dir nacheifern!" Dann lud er sie zu einem Kaffee in die Mensa ein, packte dort sein Päckchen aus, lobte die gelungene Wahl und bedankte sich herzlich.

„Du machst Fortschritte", nachdenklich wiederholte Yentl dieses Lob von Lysander, als sie am Abend alleine und für sich war. „Was war das für ein Mann, was für ein besonderer Mann?“, fragte sie sich, „dessen Ahnung und Eingebung so weit reichten und so zielsicher trafen, dass man schon an hellseherische Fähigkeiten glauben mochte?“ Dass er diese Gabe in ihre Richtung lenkte, stimmte sie zuversichtlich. Sie freute sich über die Aufmerksamkeit und Anteilnahme, wünschte, dass sich die Zuwendung stetig entwickeln würde, und hoffte ganz vorsichtig auf prächtige Blüten dieses Wachstums.

Weiterhin erfüllte und beseelte sie Lysanders zweiter Satz: „Ich möchte dir nacheifern!“ Sie wusste zwar nicht, was er damit meinte, wähnte sich durch diese Aussage aber in guten Ahnungen, nicht nur beschenkt zu werden, sondern auch ihm etwas vermitteln oder erläutern zu können, auch ihm helfen und vielleicht sogar beistehen zu dürfen. Der Gedanke und die Aussicht auf ein ausgewogenes Geben und Nehmen zwischen Lysander und ihr machte sie glücklich.

Ob sie sich bald einmal zu einem Spaziergang treffen würden? Oder gemeinsam essen gingen? Ein Konzert besuchten? Dicht beieinander auf einer Parkbank säßen? Würden sich ihre Hände mal finden? Oder gar die Lippen? Die Münder? Noch nie hatte Yentl geküsst! Und sie ergötzte sich an der Hoffnung, diese Erfahrung mit Lysander zu erleben. Intimes Reiben von Schenkeln und Hüften, Streicheln von Bauch und Brüsten konnte sie simulieren, ja sogar koitierendes Stoßen imitieren; zum Küssen jedoch brauchte sie den Mann, brauchte sie Lysander. Sanft saugen, lind lecken, zart züngeln, glitschig gleiten, schlemmend schmusen … Yentl weidete sich an ihren Träumen, schwärmte und schwelgte.

Wohin

Ich hört' ein Bächlein rauschen
Wohl aus dem Felsenquell,
Hinab zum Tale rauschen
So frisch und wunderhell.

Ich weiß nicht, wie mir wurde,
Nicht, wer den Rat mir gab,
Ich musste auch hinunter
Mit meinem Wanderstab.

Hinunter und immer weiter
Und immer dem Bache nach,
Und immer frischer rauschte
Und immer heller der Bach.

Ist das denn meine Straße?
O Bächlein, sprich, wohin?
Du hast mit deinem Rauschen
Mir ganz berauscht den Sinn.

Was sag' ich denn vom Rauschen?
Das kann kein Rauschen sein:
Es singen wohl die Nixen
Tief unten ihren Reig'n.

„Lass singen, Gesell', lass rauschen
Und wand're fröhlich nach!
Es geh'n ja Mühlenräder
In jedem klaren Bach."

Mit diesem Lied aus der „Winterreise", zu dem sich Franz Schubert von dem Dichter Wilhelm Müller inspirieren ließ, revanchierte sich Lysander für Yentls Geschenk, düngte somit das zarte Pflänzchen ihrer Zuneigung, begünstigte sein Sprießen und hauchte ganz sachte die ersten leisen Töne von behaglicher Beständigkeit in die keimende Verknüpfung. Zudem bereitete sein Präsent einen Plan vor, für den er Yentl gewinnen mochte.

Yentl und Lysander saßen nun regelmäßig bei ihren gemeinsamen Veranstaltungen an der Universität nebeneinander und trafen sich oft zum Essen oder Kaffeetrinken in der Mensa. Manchmal begleiteten sie sich auch auf dem Heimweg bis zu der Kreuzung, an der sich ihre Wege trennten. Gerne standen sie hier noch ein Weilchen und hielten an ihren Gesprächen fest, um den Abschied hinauszuzögern.

Als die Semesterferien nahten, ließ Lysander Yentl einen Brief zukommen:

Liebe Yentl, den Großteil der kommenden Wochen werde ich im Ferienhaus meiner Eltern verbringen. Dort finde ich sowohl Ruhe und Entspannung als auch Zeit und Konzentration für meine Seminararbeiten. Insbesondere freue ich mich aber auf meine Ausflüge in die Natur. Diese möchte ich genießen wie nie zuvor. Denn mit dir im Sinn und mit dir im Herzen werden das Rauschen der Bächlein sowie das Singen der Nixen noch schöner klingen, die Frische und Wunderhelle klarer und deutlicher aufleben und mein Wanderstab fröhlicher schwingen denn je. Wie gerne jedoch würde ich mein Glück noch mehren und dich nicht nur wähnend, sondern leibhaftig an meiner Seite wissen.

Liebe Yentl! Möchtest du meine Ausflüge begleiten, mit mir dem Bache nach hinunterschreiten und der Frage nach dem Wohin gemeinsam nachgehen?

Yentl hielt beim Lesen inne und legte den Brief zur Seite. Sie war benommen, von Freude betäubt und taumelig vor Glück. Erneut nahm sie den Brief zur Hand, las die Zeilen nochmals und nochmals, konnte sie bald auswendig, versicherte sich, vergewisserte sich, prüfte die Worte wieder und wieder, gelangte dabei stets zum gleichen Ergebnis und begann ganz allmählich, dieses zu glauben und in seiner Wahrhaftigkeit anzunehmen – ihre Träume strebten zur Wirklichkeit. Dann las sie Lysanders Brief weiter:

Das Ferienhaus ist groß, hat mehrere Gästezimmer, du darfst dir gerne eins aussuchen. Außer mir würden sich auch meine Eltern und die Familie meines Bruders über deinen Besuch freuen, sie haben nämlich schon viel von dir gehört und sind ganz erpicht darauf, dich kennen zu lernen. Die meiste Zeit wären wir aber alleine, da die anderen nur wenige Tage Urlaub haben.

Bitte, Yentl, überlege dir, ob du meine Einladung annehmen möchtest. Ach nein, lass es mich anders und hoffnungsvoller formulieren: Wann und wo darf ich dich abholen?

Nochmals wallte eine Welle des Wohlgefühls über Yentl hinweg. Die wunderbaren Aussichten auf die kommenden Wochen begeisterten sie und bei Lysanders Familie quasi schon

vorgestellt zu sein rührte sie. Selbstverständlich würde sie der Einladung folgen und Lysander begleiten. Weiterhin wollte sie die Frage nach dem Wohin nicht nur stellen, sondern auch beantworten.
Yentls Frohsinn erhielt noch einen weiteren Auftrieb. Als sie nämlich ihre Mutter in die gefassten Pläne einweihte, verzichtete diese auf mahnende Worte, die sonst niemals ausblieben, wenn es um das Thema Liebe ging. Stattdessen wünschte sie ihrer Tochter schöne Ferien …, in jeder Hinsicht.

Lysander hatte nicht zu viel versprochen. Das Ferienhaus war tatsächlich extrem geräumig und bot optimale Möglichkeiten der Erholung. Zudem freuten sich Lysanders Eltern, Bruder, Schwägerin und Nichte wirklich sehr über Yentls Besuch, hießen sie herzlich willkommen und verscheuchten Anflüge von Befangenheit im Handumdrehen. Sie waren nicht nur freundlich, nett und entgegenkommend, sondern strahlten Yentl an, als wäre sie ein wertvolles Geschenk, das sie lange ersehnt hatten und niemals mehr missen wollten. Sie lasen ihr jeden Wunsch von den Lippen ab, ließen sie gleichzeitig bei den täglichen Hausarbeiten helfen, integrierten sie also bestens. Yentl fühlte sich rundum wohl und es kam ihr vor, als wäre sie vor allem mit Lysanders Schwägerin schon ewig befreundet. Am meisten genoss sie natürlich die Stunden mit ihrem Freund, die Spaziergänge, die Ausflüge, die Gespräche.

Auch er schien sehr glücklich zu sein, dennoch blieb Yentl eine kleine Scheu, eine gewisse Hemmung nicht verborgen, die er wie einen Rucksack mit sich zu tragen schien. So blieb die Frage nach dem Wohin genauso unberührt wie ihre Hände. Immer wieder dachte Yentl an Lysanders Sätze: „Ich bin noch nicht so weit! Das muss noch warten! Mir fehlt noch die Reife!“ Also wartete auch sie, übte sich in Geduld und war einfach nur lieb zu ihm.

Lysanders Schwägerin, Yentls neue Freundin, hatte für die gegebenen Gemütsverfassungen gute Intuitionen. Sie erkannte Yentls Nöte. Einen Tag bevor sie mit Mann, Tochter und Schwiegereltern abreiste, nahm sie Yentl zur Seite und besänftigte sie: „Verliere nicht die Zuversicht, verliere nicht den Mut. Lysander hat ein Geheimnis, das ihn plagt. Es handelt sich um eine Art Trauma, das er selbst verschuldet hat, deshalb wiegt es so schwer. Ich bin mir aber sicher, dass er es dir erzählen will, erzählen wird, denn er liebt dich und möchte dir nahe sein. Bald wirst du sein Zögern verstehen und nachvollziehen können. Wenn du dann bereit bist, sein Päckchen mitzutragen, werdet ihr ein harmonisches Paar, dessen Liebe in tiefem Vertrauen gründet.

Wenn du erlaubst, möchte ich dir noch eine Überlegung ans Herz legen“, holte die Freundin weiter aus und erhielt Yentls Zustimmung durch interessiertes Nicken. „Lysander hat uns schon viel von dir erzählt, deshalb wissen wir ja auch alle, wie lieb er dich hat und wie sehr er sich nach dir sehnt. Unter anderem hat er uns seine Ahnung mitgeteilt, dass auch du eine Geschichte mit dir herumträgst, die dir nahegeht, dich prägt und zur Vorsicht mahnt. Wenn dem so ist, wenn seine Ahnung stimmt, könntest du Lysander entgegenkommen, indem du mit gutem Beispiel vorangehst, von dir erzählst, dich erklärst und den Impuls der Öffnung von dir zu ihm hinüberspringen lässt. Vielleicht wäre dies eine gute Strategie, sein Zagen zu vertreiben. Du kannst ja mal darüber nachdenken.“

Die Ratgeberin legte eine Pause ein, schaute Yentl von oben bis unten mit prüfendem Blick an und fuhr dann lächelnd fort: „Nun, zu guter Letzt noch eins, sozusagen als Tipp von Frau zu Frau: Yentl! Du bist wunderschön, anziehend und verlockend, betörend und sexy und verpackst all dies in beschauliche Anmut. Deine Reize sprechen mit Sicherheit auch Lysander an. Deshalb rate ich dir, zeige ihm mehr davon. Nicht dass ich dir überrumpelnde Verführung empfehle, das keineswegs …, aber ein attraktives Ziel ebnet den Weg!“ Bei den letzten Worten zwinkerte sie Yentl zu, trat dann an sie heran und drückte sie liebevoll. Yentl erwiderte die Umarmung inniglich und dankbar.

Die Verabschiedung von der Familie fiel sehr herzlich aus. Wenngleich sich Yentl auf die reine Zweisamkeit mit Lysander freute, war das Fortgehen der anderen von Wehmut begleitet. Das Gespräch des Vorabends hatte Yentl gestärkt. Es war ihr sowohl Bestätigung, mit der geduldigen Haltung richtig zu liegen, als auch Anregung, neue Akzente zu setzen. Im Zusammenhang mit den erwogenen strategischen Überlegungen erinnerte sich Yentl an eine weitere Äußerung Lysanders: „Ich möchte dir nacheifern!“, hatte er einst gesagt. „Also muss ich voranschreiten“, dachte Yentl und beschloss, in dieser Hinsicht konkret zu werden.

„Es wird wohl sehr heiß heute“, wandte sie sich Lysander zu, „da werde ich mich mal sommerlich luftig kleiden.“ Dieser Gedanke war in Bezug auf das sonnige Wetter durchaus nachvollziehbar, doch in Wirklichkeit steckte eine andere Absicht dahinter: Die leichte Kleidung sollte ihr Sexappeal betonen. Mit kurzem Rock und ausgeschnittener Bluse wollte sie Lysander erotische Blicke gönnen. Yentl schmunzelte in sich hinein, als Lysanders Augen den Erfolg ihres Bestrebens verrieten. Da die Liebe auch durch den Magen geht, schlug Yentl für das Mittagessen einen knackigen Salat mit goldenem Toast vor, der zum Anbeißen verführen mochte. Während die beiden Paprika, Möhren, Gurken und anderes mehr schnippelten, rühmte Yentl Lysanders Familie in den hellsten Tönen, kam dann auf das Elterndasein zu sprechen und lenkte schließlich das Thema auf ihre Mutter.

Da Lysander sehr aufmerksam und empfänglich zuhörte und zudem durch Nachfragen sein Interesse bekundete, ergriff Yentl die Gelegenheit – die heraufbeschworene Gelegenheit – beim Schopfe und trug ihre ganze Geschichte vor. Sie begann bei ihrer unerwünschten Zeugung und dem Selbstmord ihres Vaters, kam dann auf die Rolle ihrer alleinerziehenden Mutter in der beschränkten Dorfgemeinschaft zu sprechen, berichtete vom flüchtenden Umzug in ein neues Leben und landete endlich bei ihrer Erziehung, die durch die Tabuisierung von Erotik und Sexualität zu Blockaden führte, so dass sie im Umgang mit Männern völlig unerfahren und unberührt blieb. Yentl beendete ihre Ausführungen mit dem Satz: „Ich habe noch nie geküsst.“

Lysanders Augen hingen gebannt und gespannt an Yentls Lippen, vor lauter Konzentration hatte er längst das Zerkleinern der Salatzutaten vergessen und nun fiel ihm sogar das Messer aus der Hand. Nach langem fassungslosen Starren stammelte er zögerlich: „Dann geht es dir genau wie mir.“ Und übertrug mit diesen Worten seine Verblüffung auf Yentl.

Völlig frappiert schauten sich die beiden Verliebten an und glaubten sich gegenseitig kaum, dass ihre Attraktivität nicht schon längst von Erotik vereinnahmt und verschlungen worden war und somit ihre sexuelle Lust, partnerschaftlich gesehen, völlig brachlag und darbte. Dann jedoch keimte ganz allmählich das freudvolle Bewusstsein auf, mit dieser Parallelität ein Geschenk des Glückes empfangen zu dürfen: Wie kaum einem anderen Paar war es ihnen vergönnt, die Entdeckungsreise der Liebe in das Reich aller Sinne gemeinsam zu beginnen, dabei die Vorfreude und Spannung auf gleichem Niveau zu teilen und das Suchen und Finden der Gelüste in ähnlichster Weise zu erleben. Weiterhin wussten sie sich in gegenseitig entsprechender Gefühlslage bezüglich der Unsicherheiten, die auf ersten sexuellen Annäherungen oft lasten.

Yentl und Lysander erhoben sich, gingen aufeinander zu und schlossen sich herzlich in die Arme. Nach langen Minuten löste sich Yentl aus der Umfassung, legte eine Hand auf Lysanders Brust, ließ sie dann hinaufklettern und mit ihren Fingern an seine Lippen tippen. „Herz oder Mund?“, fragte sie, „was magst du mir als Erstes öffnen? Gerne schenke ich dir mein Ohr, wenn du mir dein Geheimnis anvertrauen möchtest. Gerne schenke ich dir – besser gesagt: uns – meinen Mund, wenn deiner ihn zu küssen wünscht.“

„Erst das Herz“, antwortete Lysander, „damit du nicht Gefahr läufst, die freiwillige Hingabe im Nachhinein zu bereuen.“ Beide erinnerten sich bei diesem Satz an die Diskussion über Schuberts Lied „Heideröslein“, beide wussten sie, dass hier ein Meilenstein ihrer Liebe saß. Sie drückten sich noch einmal, rückten dann zwei Gartenstühle auf der Terrasse zusammen und nahmen nebeneinander Platz. Als Lysander bei den anfänglichen Worten seiner Erzählung etwas stotterte, nahm Yentl seine Hand und küsste sanft die Fingerspitzen. Das half, nun konnte er sprechen.

„In jungen Jahren genoss ich eine so genannte Sandkastenliebe. Kindergarten, Grundschule, Gymnasium, alle Stationen durchliefen meine Freundin und ich gemeinsam, verbrachten zudem viel Freizeit miteinander und waren unzertrennlich. Als sich mit der Pubertät das Geschlecht meldete, ging ich selbstverständlich davon aus, dass wir das Abenteuer der körperlichen Liebe ebenfalls gemeinsam erleben würden. Dies war ein Irrtum. Plötzlich umgarnte ein anderer Junge meine Freundin und hatte Erfolg. Sie wandte sich von mir ab und schwärmte nur noch für ihn. Innerhalb weniger Tage wurden die beiden intim und schliefen sogar miteinander. Rasende Eifersucht raubte mir den Schlaf. Bald gesellte sich aber auch noch schäumende Wut hinzu. Es stellte sich nämlich heraus, dass dieser Junge meine Freundin nur auf Grund einer Wette verführt und dabei fünfzig Euro kassiert hatte und nach der Entjungferung nichts mehr von ihr wissen wollte."

„Heideröslein", schob Yentl ein und erinnerte damit nochmals an das Thema Vergewaltigung durch Verhaltensweisen nach dem Koitus. Lysander nickte beipflichtend und erzählte weiter: „Als dieser Schurke mit seiner Schandtat auch noch prahlte, als hätte er eine Heldentat vollbracht, dabei sein Opfer verhöhnte und schließlich auch noch nach einer neuen Wette gleicher Art Ausschau hielt, da rastete ich aus, da drehte ich durch, da platzte ich vor Zorn, da schlug ich ihn brutal zusammen, schlug ihn im wahrsten Sinne des Wortes krankenhausreif und hätte ihn wahrscheinlich totgeschlagen, wenn andere Schüler mich nicht festgehalten hätten. So blieb es nur – *nur* in Anführungsstrichen – bei erheblichen Verletzungen, die dieser Kerl allerdings bis heute spürt, weil ich ihm derart das Schultergelenk zertrümmert hatte, dass eine gewisse Bewegungsunfähigkeit zurückblieb.

Zur meiner Motivation, den Rachegedanken und Bestrafungsgelüsten, stehe ich nach wie vor, das Ausmaß meines Handelns jedoch, die zügellose Rage, erschreckt mich bis heute.“ Lysander brauchte eine Pause zur Beruhigung und Sammlung. Er schnaufte mehrmals tief durch, dann setzte er neu an. „Ich trage also zweierlei Schuld: schwere Körperverletzung und Selbstjustiz. Die damit verbundenen Selbstvorwürfe begleiten mich stetig und sind mir immer gegenwärtig. Weiterhin verbinde ich seit damals das Thema Liebe und Partnerschaft mit dem Unheil, das ich einerseits empfangen und andererseits ausgeteilt habe. Im Bestreben, diesem Unheil in Zukunft zu entfliehen, habe ich der Liebe den Rücken gekehrt, abwehrende Blockaden errichtet, das Singledasein zu meiner Lebensform bestimmt und insgesamt Zurückhaltung bevorzugt.

Doch dann … kamst du!! Von Anfang an hatte ich nicht nur Augen für deine Attraktivität, nicht nur Ohren für deine Liebenswürdigkeit, nicht nur Antennen für deinen dezenten Charme, sondern ahnte auch deine ernste Grundstimmung und Gedankentiefe, die mich anzogen, mich in Bann nahmen und die mir das Gespür verliehen, dir verbunden zu sein. Du rüttelst an den Mauern, die meine Liebe eingesperrt haben, befreist meine Gefühle, erlöst sie, lässt sie atmen, lässt sie laufen und bescherst mir großes Glück. Aber auch der Einsturz von Hindernissen ist ein Einsturz, auch ein Riss durch trügerische Fassaden ist ein Riss, auch der Abschied von einem Tabu ist ein Abschied und benötigt eine gewisse Zeit der Verarbeitung. Deshalb bitte ich dich, liebe Yentl, mein Zögern zu verzeihen.

Gleichzeitig hoffe ich auf deine Vergebung für mein einstiges Ausrasten."

Yentl hielt noch immer Lysanders Hand, umspielte sie sanft und besann sich. „Verzeihen ist ein gutes Stichwort", hob sie dann an. „Dein Zögern verzeihe ich gerne, mehr noch, ich danke es dir. Denn es zeigt dein verantwortliches Denken und gewissenhaftes Handeln. Beides bestärkt meine Zuneigung. Das Kompliment der Tiefsinnigkeit gebe ich somit gerne an dich zurück. Dass du so schwer an deiner Schuld trägst, spricht für deinen Charakter. Womöglich hat dir dein Widersacher schon mehr vergeben als du dir selbst."

„Dies ist wahrhaftig so!", unterbrach Lysander. „Nicht nur das, er hat sich sogar einmal ernsthaft dafür bedankt, dass ich ihn in die Schranken gewiesen habe. Und von einer Anzeige hatte er ohnehin abgesehen."

„Sogar bedankt", wiederholte Yentl nachdenklich und nahm den Faden auf: „Und du? Hast auch du ihm verziehen? Hast auch du dich bedankt? Und ich? Habe ich meinem Vater verziehen? Meiner Mutter? Der Dorfgemeinschaft? Haben sie nicht alle unseren Dank verdient? Den Tiefsinn, den wir beide aneinander schätzen, haben die Genannten geprägt, und unsere Spur, unsere Lebensspur, wurde von ihnen gezogen. Diese Spur wiederum hat uns zueinandergeführt und mich so glücklich gemacht, wie ich niemals zu hoffen gewagt hätte."

„Und mich auch", ergänzte Lysander, während er seinen Kopf auf Yentls Schultern legte. Er genoss die Erleichterung, die sein Geständnis und Yentls sensibles Reagieren ausgelöst hatten.

Nach dem Mittagessen, dem knackigen Salat mit dem goldenen Toast zum Anbeißen, bat Lysander zum Spaziergang. Dabei wünschte er sich, dass Yentl ihre reizende Bekleidung anließ, um seine Augen auch weiterhin weiden zu dürfen. Yentls Schmunzeln über dieses Anliegen richtete sich nicht mehr nach innen, sondern direkt an Lysander. Der hatte sich bereits mit sportlichem Schick ausstaffiert und sah ebenfalls blendend aus.

Der Weg führte bergauf. Dichter Wald spendete angenehme Kühle, erhabene Stille prägte beschauliche Stimmung. Nach einer knappen Stunde nahm Lysander Yentls Hand und bremste ihren Schritt. „Wir sind am Ziel“, sagte er gewichtig, deutete auf eine Quelle, die er wohl bewusst angepeilt hatte, und fügte hinzu: „Wir sind am Start! Liebe Yentl, wollen wir an diesem symbolischen Ort alte Kapitel beschließen und neue aufschlagen, um uns der Liebe – unserer Liebe – hinzugeben?“ Yentl blickte ins plätschernde Wasser, sodann in Lysanders Gesicht. Bei ihrer Antwort bediente sie sich eines weiteren Liedes von Franz Schubert, das ebenfalls den Bach thematisiert und versinnbildlicht. Sie wandelte es ein klein wenig ab und fügte es somit zur Gegenfrage:

O Bächlein meiner Liebe,
Ich bitte, bleib' nicht stumm.
Will ja nur eines wissen,
Ein Wörtchen um und um.

‚Ja‘ heißt das eine Wörtchen,
Das andere heißt ‚Nein‘,
Die beiden Wörtchen
Schließen die ganze Welt mir ein.

O Bächlein meiner Liebe,
Ich fühl' so wunderlich
Und will dich etwas fragen:
Beschenkt die Liebe wirklich mich?

Yentl und Lysander nahmen sich bei den Händen und sahen sich an. Schauten sich an. Schauten sich lieb an, blickten sich tief in die Augen und tauchten hinein. Nach einer Weile regte Yentl ihren Mund, öffnete ihn sanft, streckte lugend die Spitze ihrer Zunge hervor und benetzte die Lippen. Lysander nahm diese Geste auf, folgte ihr und ahmte sie nach. Dann löste er seine Hände aus Yentls, führte sie über Schultern und Hals zum Kopf, den er nun liebevoll umfing. Dezent deutete Yentl einen Kuss an und formte somit ihren Wunsch nach selbigem. Lysander senkte langsam seine Lider zum Zeichen der Zustimmung und Huldigung.

Dann trauten sie sich, wagten sich vor, neigten sich einander zu, bis einer den warmen Atem des anderen als Odem der Liebe im Gesicht spürte. Mild und lind tupften und tippten sie nun ihre Lippen aneinander, wiederholten diese zierliche Zärtlichkeit ein ums andere Mal, schlossen dabei die Augen und genossen die Einstimmung und Vorfreude auf ein Erlebnis, dessen Unvergesslichkeit sie vorausahnten. Nach und nach bereicherten die Zungen das labiale Spiel, ergänzten allmählich die holden Berührungen zu sinnlichem Zauber, fanden sich schließlich selbst und streichelten sachte die sanften Spitzen. Galant und geschmeidig geriet das zarte Züngeln zum weichen Wälzen, berauschten Reiben, lüsternen Lecken und stürmte schließlich zum schwelgenden Schlecken.

Betört vom tosenden Treiben der Lust und Leidenschaft taumelte und torkelte das Liebespaar durch die großen Gefühle des Verlangens und verfiel der Verschmelzung, Vermischung und Verschwimmung seiner oralen Ovation und Offenbarung. Sehnsüchtig saugten sie sich auf – und ein. Lange ließen sie sich nicht mehr los. Wie lange, wussten sie selbst nicht, als sie erschöpft an den Ursprüngen des Baches Platz genommen hatten.

Auf das Wasser deutend fragte Lysander: „Hast du seine Antwort gehört?“

„Und du meine?“, gab Yentl zurück. Lysander nickte und überlegte: „Wollen wir sie trotzdem in Worte fassen und uns auch noch mal sagen?“

„Rufen!“, erwiderte Yentl. „Rufen möchte ich sie!“ Und so erhoben die beiden ihre Stimmen zu einem jubelnden Ja.

„Quelle, Rinnsal, Bach, Fluss, Strom“, zählte Lysander auf, um diese Entwicklung mit seinen Gemütsbewegungen zu vergleichen. „Meine Liebe schwoll an wie dieses Gewässer und strömt nun in breiten Bahnen.“

„Und meine schwappt schon über“, ergänzte Yentl. „Aber dennoch sehe ich voller Vorfreude auf ein weiteres Wachstum. Insbesondere möchte ich die Welt der Erotik und das Vergnügen der Sexualität mit dir zusammen suchen.“

„Und finden“, lächelte Lysander. Yentl setzte sich zwischen seine Beine und lehnte sich mit dem Rücken an seine Brust. Dann fuhr sie fort: „Zunächst einmal würde ich mich freuen, deine Hände auf meinem Bauch zu spüren.“ Lysander gehorchte umgehend und bedachte zudem ihre Halsmulden mit hauchenden Liebkosungen. Yentl nahm diese Zuwendungen genüsslich auf und sah sich ermutigt, weitere Wünsche zu äußern: „Ob du mir dann auch mal den Rücken streicheln würdest?“

„Und du meinen?“, antwortete Lysander.

„Nicht nur den Rücken! Auch Brust und Schultern möchte ich ertasten!“

„Und ich die geschwungenen Linien deines Gesichtes nachziehen.“ Nach und nach fügten die Verliebten ein Begehren an das andere, so dass eine lange Liste der Gelüste entstand: „Umarmen und umschlingen.“

„Umfassen und umringen.“

„Über deine aufregend weibliche Silhouette gleiten.“

„Meine Hände in die Senken deiner Seiten schmiegen.“

„Deinen Busen fühlen.“

„An den Lippen saugen und immer wieder küssen.“

„Darf ich auch deine Brüste lecken?“

„Ja! Gerne! Und lass uns auch die Beine verflechten und die heißen Schenkel aneinanderpressen.“

„Löffelchen liegen und die Pracht deines Pos an meinem begehrenden Glied spüren.“

„Zum steifen Schaft soll es gedeihen, erregt durch mein wallendes Wippen.“

„Nass sollst du werden, wenn ich Kreise und Bögen auf deine Beine male und dabei immer höher steige.“

„Ja! Tu das! Und höre mein Stöhnen.“

„Und dann tauche ich ab und versinke mit den Fingern in den Fluten deiner lechzenden Lust.“

„Bei höchster Hitze soll dein praller Penis prickelnd pulsieren, wenn ich ihn fesselnd umfasse.“

„Lass uns Brust an Brust begieriges Brennen erleben!“

„Und dann?“

„Und dann?“

„Ja?“

„Ja?“

„Ja! Schiebe dein großes Rohr in meine heiße Höhle, treibe es reibend zwischen die warmen Wände der Vagina.“

„Ja! Das will ich tun! Halte mich fest dabei. Umarme mich, umbeine mich!“

„Ich werde schweben, wenn du mich nimmst.“

„Ich werde entschwirren, obwohl du mich festhältst.“

„Lass mich zappeln und zucken durch dein stetiges Stoßen!“

„Lass mich beben und bersten im Rausch meiner Liebe und Lust.“

Bei den letzten Worten hatten sich Yentl und Lysander ineinander verkrallt. Nun ließen sie wieder locker, schnauften tief und seufzten. Dann fassten sie ihren Wunschzettel zusammen: „Lysander! Ich will dir Frau sein!“

„Yentl! Meine geliebte Yentl! Ich will dir Mann sein!“

Sie standen auf, umarmten sich innig und küssten sich zärtlich. Dann machten sie sich auf den Weg. – Wohin?

Hinunter und immer weiter
Und immer dem Bache nach,
Und immer frischer rauschte
Und immer heller der Bach.

So sehr die beiden den Bach auch genossen, verließen sie ihn doch heiter und beschwingt. Denn Yentl und Lysander hatten Antworten auf die Frage nach dem Wohin gefunden und gleichsam den Zauber des Suchens entdeckt.

Lesen Sie mehr Erotik von Erik L. Rot bei DeBehr

Jupitersinfonie - Erotikroman

ISBN: 978-3941758148

Lodernde Lust und brennendes Begehren bis hin zur sexuellen Ekstase spiegeln sich in Meisterwerken klassischer Musik - insbesondere in Mozarts "Jupitersinfonie" - und gedeihen somit zu einem Labsal ästhetischer Sinnlichkeit. Die Liebesgeschichte von Anke und Gregor betört durch fesselnde Spannung, schwelgt in spiritueller Wollust und glorifiziert die Erotik. Anke und Gregor kennen sich noch aus der Schulzeit. Ein brisantes Beziehungsgeflecht entsteht, als beide ein Verhältnis eingehen, denn Anke hat Mann und Kind und möchte ihre Ehe nicht aufgeben. Die Belastung durch diese Situation ist für alle Beteiligten hoch. Erik L. Rot ist ein brillanter, anregender, erotischer Roman über die Irrungen und Wirrungen der Liebe gelungen. Im Mittelpunkt steht die "musikalische Erotik" als höchste Form der körperlichen Intensität.